DELIUS KLASING

Jürgen Lewandowski

BMW

Typen und Geschichte

Delius Klasing Verlag

Der Autor:
Jürgen Lewandowski, 1950 geboren, war nach seinem Studium und Lehrjahren bei *Auto, Motor und Sport* sowie *hobby* von 1979 bis 2000 Ressortleiter »Auto und Verkehr« bei der *Süddeutschen Zeitung* in München. Seitdem arbeitet er als Berater und Autor für mehrere Verlage und Publikationen. In seiner Freizeit beschäftigt er sich mit der Automobil-Historie, wobei ihm seine engen Verbindungen zu Automobil-Museen und Sammlern weltweit helfen. Im Lauf der vergangenen 20 Jahre hat Jürgen Lewandowski bereits mehr als 50 Bücher zu den Themen Geschichte des Automobils und Entwicklung von Fahrzeugmodellen geschrieben und veröffentlicht.

Mathilde und Georg Donaubauer gewidmet

Bibliografische Information Der Deutschen Bibliothek
Die Deutsche Bibliothek verzeichnet diese Publikation in der Deutschen Nationalbibliografie; detaillierte bibliografische Daten sind im Internet über »http://dnb.ddb.de« abrufbar.

1. Auflage
ISBN 3-7688-1420-3

Redaktionelle Mitarbeit: Monika Lewandowski
Bildnachweis: Alle Bilder stammen von der BMW AG.
Autor und Verlag danken Richard Gaul, Leiter der Presseabteilung der BMW Group und Holger Lapp, Leiter der Mobilen Tradition der BMW AG, und ihren Mitarbeiterinnen und Mitarbeitern für die Hilfe bei der Erstellung dieses Buches.
Abbildungen auf dem Einband: BMW Z4 Roadster (vorne);
hinten: BMW 507, BMW Siebener-Baureihe, Rolls-Royce Phantom, MINI Cooper
Einbandgestaltung: Ekkehard Schonart
Druck: J.P. Himmer GmbH & Co. KG, Augsburg
Printed in Germany 2003

Delius Klasing Verlag, Siekerwall 21, D - 33602 Bielefeld
Tel.: 0521/559-0, Fax: 0521/559-115
e-mail: info@delius-klasing.de
www.delius-klasing.de

Inhalt

Mit den Flugmotoren entsteht ein Weltkonzern

1916 bis 1928

Der weiß-blaue stilisierte Propellerkreis, den die BMW AG in ihrem Emblem trägt, ist mittlerweile weltbekannt – in praktisch allen Ländern dieser Erde ist das bayerische Haus vertreten. Die produzierten Stückzahlen wachsen mit bemerkenswerten Steigerungsraten, und von der Loyalität, mit der die begeisterten BMW-Fahrer zu ihrem Hause stehen, träumt manch anderes Unternehmen. Dass sich die Geschichte von der Flugmotorenvergangenheit mittlerweile herumgesprochen hat, dürfte nicht zuletzt daran liegen, dass das Haus am Münchner Petuelring bereits vor vielen Jahren mit einer vorbildlichen Aufarbeitung der eigenen Geschichte begonnen hat. So wissen mittlerweile auch viele, dass das Unternehmen 1916 als Flugmotorenfabrik in München entstand – und dass die weiß-blauen Viertel des Emblems die Rotation eines Flugzeugpropellers darstellen.

Doch wie so oft in der Geschichte, ist der Ursprung eben doch nicht so einfach nachzuvollziehen, denn eigentlich hat BMW zwei Unternehmen im Stammbaum. Beide tauchten zwar lange vor der Gründung der Firma auf, beide sind bei der Gründung auch wieder untergegangen, aber sie bildeten das Fundament, auf dem das Haus letztlich errichtet werden sollte.

Einer der beiden Gründer war Karl Rapp, ein junger Ingenieur, der 1912 in die Münchner Filiale der »Flugwerke Deutschland« in der Schleißheimer Straße 288 einzog. Rapp plante, einen Flugzeugmotor zu konstruieren, mit dem er an dem ersten »Kaiserpreis« für Flugmotoren teilnehmen (und gewinnen) wollte. Wilhelm II. war nämlich darauf hingewiesen worden, dass das französische Militär sein Flugwesen dramatisch ausgebaut hatte: Jenseits des Rheins gab es bereits nicht weniger als 234 Heeresflugzeugführer, die Deutschen hatten gerade einmal 50. Und so wurde nun – auf dem Gelände der ehemaligen »Fahrradwerke Riesenfeld« – intensiv an einem Vierzylinder mit 90 PS Leistung gearbeitet.

Karl Rapp beschloss 1912, mit Flugzeugmotoren sein Glück zu versuchen. Als der Erste Weltkrieg ausbrach, bekam er plötzlich den Auftrag der preußischen Heeresleitung, 25 dieser Triebwerke zu liefern. Hier ist er etwa 1915 vor einem Prüfstand in Milbertshofen zu sehen. Sein Unternehmen war eines der beiden, aus denen später BMW entstehen sollte.

Am 28. Oktober 1913 wurden die »Rapp Motorenwerke«, die in der Schleißheimer Straße 288 beheimatet waren, offiziell in das Handelsregister eingetragen.

Doch die Siege – und damit auch die 50.000 Mark Preisgeld – gingen an zwei andere Werke, an die beiden ältesten Autohersteller der Welt: »Benz & Cie.« in Mannheim und die Firma »Daimler« in Untertürkheim. Das Ergebnis der missglückten Bemühungen stand rasch fest: Die Flugwerke Deutschland waren pleite und mussten Konkurs anmelden, und Karl Rapp gründete mit dem österreichischen Generalkonsul Julius Auspitzer die »Rapp Motorenwerke« in der Schleißheimer Straße 288. Der Handelsregistereintrag vom 28. Oktober 1913 lässt erkennen, womit sich das neue Unternehmen beschäftigen wollte: »Mit dem Bau und Vertrieb von Motoren aller Art, insbesondere den Explosionsmotoren für Flugzeuge und Kraftfahrzeuge sowie dem Erwerb der bisher der Gesellschaft Flugwerke Deutschland i.L. gehörigen Motorenfabrik in München.« Zwar litten auch die nächsten Motorengenerationen aus diesem Hause unter heftigen Vibrationen und Schwingungen, die den Einsatz in einem Flugzeug unmöglich machten, doch die Motorenwerke standen auf der Liste der kriegswichtigen bayerischen Betriebe. Die Aufträge flossen weiter, auch wenn die Ergebnisse eher kläglich waren.

Bei den Rapp Motorenwerken wurden – in Lizenz von Austro-Daimler – Achtzylinder-Flugmotoren für die österreichischen Marineflieger gefertigt.

Doch die Ermordung des österreichischen Thronfolgers in Sarajewo löste jenen großen Weltkrieg aus, in dem die Militärs plötzlich Flugmotoren in derart großen Stückzahlen benötigten, dass die etablierten Hersteller an ihre Kapazitätsgrenzen stießen – und Karl Rapp plötzlich den Auftrag vorfand, rasch 25 große Flugmotoren an die preußische Heeresleitung zu liefern. Doch auch diese Triebwerke wurden wegen der noch immer existenten Schwingungen und Vibrationen abgelehnt, und auch die nächsten Aufträge endeten mit Reklamationen. Dann kam ein Auftrag aus Österreich:

224 Austro-Daimler-Motoren wurden in Lizenz gefertigt; Motoren, hinter denen der Konstrukteur Ferdinand Porsche stand – der Mann, der später bei Mercedes tätig sein sollte, um dann die Auto Union-Rennwagen und den Volkswagen zu entwickeln. Auch diese in München gefertigten Triebwerke entsprachen nicht den Qualitätsvorstellungen des Militärs. Letztlich durften in der Schleißheimer Straße nur noch Wartungsarbeiten an Flugmotoren ausgeführt werden – Flugzeugmotoren, die von Mercedes, von Benz und von Argus gebaut worden waren.

Hier taucht nun ein neuer Name auf: Franz Josef Popp. Popp war von den Austro-Daimler-Werken nach München geschickt worden, um die Lizenzproduktion in den Griff zu bekommen. Popp stellte am 2. Januar 1917 einen Ingenieur ein, der sich in der Konstruktion bei Daimler einen Namen gemacht hatte: Max Friz. Dieser sollte die treibende Kraft hinter der Weiterentwicklung der unglücklichen Rapp-Motoren werden – und er lieferte eine Variante des Sechszylinders, die mit der Hilfe eines von ihm entwickelten Höhenvergasers auch in bislang nicht vorstellbaren Höhen noch für Leistung sorgte. Der Erstflug – bei dem bereits mehr als 3.000 Meter Höhe erreicht wurden – fand am 17. Dezember 1917 statt, am Tag drauf stieg die Maschine auf mehr als 5.000 Meter Höhe, ein Wert, den die Techniker und Militärs bis dahin für unmöglich gehalten hatten. In den nächsten Tagen und Wochen bewies die neue Konstruktion das eine um das andere Mal, dass nun neue, bislang undenkbare Höhen erreichbar waren.

Am 20. Juli 1917 hatte auch eine entscheidende Umbenennung stattgefunden, die aus »Rapp Motorenwerke« die Firma »Bayerische Motoren Werke« machen sollte. Max Friz hatte, nachdem sich Karl Rapp, der Mann ohne Fortune, bereits 1916 mit immer längeren Krankheitspausen aus seinem Unternehmen verabschiedet hat, an jenem bereits erwähnten 2. Januar 1917 die technische Leitung des Unternehmens übernommen und mit seinen Erfindungen die Basis für eine neue Firma gelegt, die sich prächtig entwickeln sollte. Für Franz Josef Popp, der mittlerweile auf seinen Posten in Österreich verzichtet hatte, um sich ganz dem desolaten Unternehmen in München zu widmen, war klar, dass diese Firma nur noch dann eine Zukunft haben konnte, wenn der Name Rapp verschwinden würde – und so wurde im Sommer 1917 der Name Bayerische Motoren Werke geboren und mit dem genial-einfachen weiß-blauen Propellerkreis als Emblem geschmückt.

Damit ist die Geschichte des ersten Stammvaters – zumindest ansatzweise – nachvollzogen, der zweite trug einen wesentlich berühmteren Namen: Gustav Otto. Er war der Sohn von Nikolaus August Otto – dem Mann, der den Viertaktmotor erfand. Der Mann, dem wir dieses Triebwerk verdanken,

Max Friz wurde die treibende Kraft hinter der Weiterentwicklung der unzuverlässigen Rapp-Motoren – mit seinen Triebwerken konnten etliche Höhenweltrekorde erzielt werden.

Die österreichischen Austro-Daimler-Werke schickten Franz Josef Popp nach München, um die Lizenzproduktion der Flugmotoren auf Vordermann zu bringen – später sollte er das Unternehmen leiten.

Gustav Otto war nicht nur der Sohn von Nikolaus August Otto – dem Mann, der den Ottomotor erfunden hatte –, sondern auch ein begeisterter Aviatiker, der als 34. Deutscher eine Berechtigung zum Führen von Flugzeugen erworben hatte.

war vom Schicksal nicht gerade gnädig behandelt worden. Er hatte 1866 das erste preußische Patent für einen Gasmotor erhalten und anschließend die »Gasmotoren-Fabrik Deutz AG« gegründet. 1876 lief dann sein erster Viertaktmotor, der den Durchbruch beim Verbrennungsmotorenbau brachte: Er war einfacher zu bauen und sparsamer als alle Konkurrenzmodelle. Kein Zweifel: Otto hatte es geschafft, es ging ihm dank seiner Patente finanziell hervorragend. Doch dann hatte ihm das Deutsche Reichsgericht am 30. Januar 1886 die Rechte an allen Patenten aberkannt. Was war geschehen? Bereits 1862 hatte der französische Eisenbahningenieur Alphonse Beau de Rochas eine Schrift veröffentlicht, in der er – nur in der Theorie – erste Wege zum Viertaktmotor aufzeigte. An diese Veröffentlichung war auch ein Patent geknüpft, für das sich damals aber niemand interessierte – und das nach zwei Jahren wieder unbeachtet verfallen war. Auch Otto hatte niemals etwas von diesem Patent gehört. Doch das Reichsgericht erkannte Beau de Rochas die Priorität zu, und damit durfte jeder (da das Patent von Rochas ja mittlerweile verfallen war) den Viertaktmotor ohne Lizenzgebühren an Nikolaus Otto – der ihn zum Laufen gebracht hatte – nachbauen. Otto sollte an diesem Schicksalsschlag zerbrechen und relativ unbeachtet im Jahre 1891 sterben.

Gustav Otto wurde Aviatiker – ein Name, den die ersten Flugpioniere von der Öffentlichkeit verpasst bekamen. Er war einer der Ersten seiner Sorte: Im Oktober 1910 erwarb er das Zeugnis Nummer 34 des Deutschen Luftschifferverbandes – was ihm nicht zuletzt deshalb möglich war, weil sein Vater gutes Geld verdient hatte und für die teure Flugausbildung genügend Finanzen vorhanden waren. Gustav Otto war – wie so viele Aviatiker – nicht nur Pilot, sondern auch Fluglehrer und Flugzeugkonstrukteur. Die Modelle scheinen nicht schlecht geflogen zu sein, erhielt er doch am 3. März 1911 vom Königlich Bayerischen Kriegsministerium »in stets widerruflicher Weise die Erlaubnis, die Südostecke des nördlichen Exerzierplatzes Oberwiesenfeld zum Abfliegen und Landen mit seinen Apparaten zu benützen und den Exerzierplatz zu überfliegen«.

Bald verwandelte sich das Oberwiesenfeld in einen Flughafen mit immer mehr kleinen Schuppen und Hallen, in denen die fragilen Fluggeräte montiert und gewartet werden konnten. Mittendrin: Gustav Otto, der mit dem Gewinn von etlichen Flugwettbewerben für sich und seine Flugapparate Werbung machte. Den größten Coup leistete er sich im Dezember 1912, als er mit seiner soeben angetrauten Gattin Ada eine »Hochzeitsreise im Aeroplan« veranstaltete, über die die Presse begeistert berichtete. Otto war zweifellos einer der Mutigsten am deutschen Himmel. Er war aber nicht nur hinter dem Steuerknüppel mutig, sondern auch geschäftlich, denn er hatte

bereits 1912 in Berlin-Johannestal die »AGO-Flugzeugwerke« – die Buchstaben stehen für: Aviatiker Gustav Otto – gegründet. Nur ein Jahr später – also im gleichen Jahr wie Karl Rapp – entstand schließlich eine Münchner Dependance, die »Otto-Flugzeugwerke«, an der Lerchenauer Straße. Hier sollten Flugzeuge für das Bayerische Kriegsministerium entstehen, doch Otto geriet in die Mühlsteine der Bürokratie. Die obersten Militärs konnten mit dem selbstbewussten, unbekümmerten und dazu noch finanziell unabhängigen Otto nicht viel anfangen; er war ihnen nicht »militärisch« genug. Seine Qualitäten als Flugzeugbauer wurden verkannt, man dachte sich immer neue Schikanen aus. Schließlich resignierte Otto, er wurde krank und suchte schließlich ein Münchner Nervensanatorium auf. Die Heeresinspektion erklärte sich nicht mehr bereit, neue Aufträge zu erteilen – und im Februar 1915 stand schließlich der Konkurs vor der Tür. Zu diesem Zeitpunkt griffen die Darmstädter Bank, die MAN und andere Industrielle ein, die das Werk letztlich retten sollten. Aber nur unter einer Bedingung: Otto musste die Firma verlassen. Für diesen Schritt erhielt er so viel Kapital, dass er seine Schulden tilgen konnte.

Gustav Otto schied am 7. März 1916 aus seiner Firma aus. Er öffnete damit die Tür für die Gründung von BMW, denn die neue Firma sollte später (obwohl sie weder seinen Namen trug, noch sich die ersten Jahre an ihn erinnern mochte) auf ihn als einen der Stammväter verweisen. Die neuen Herren in der Firma gaben dem Kind einen neuen Namen: »Bayerische Flugzeugwerke« – und sie bauten weiter erfolgreich Flugzeuge, bis das Ende des Krieges die Aktivitäten zu einem Ende brachte. Wie gut die neuen Produkte waren, zeigt auch die Tatsache, dass bis zum Herbst 1917 nicht

Mitten im Krieg wurde 1917 das neue Werk der »Bayerischen Motoren Werke GmbH« an der Moosacher Straße aus dem Boden gestampft, bei dem der Prospekt die »Zweckmäßigkeit, verbunden mit vollendeter Formschönheit« lobte.

Dies waren die Männer, die in den Otto-Werken die Propeller bauten. Die Aufnahme entstand zwischen 1912 und 1914.

Es ist der 9. Juni 1919: Franz Zeno Diemer besteigt sein Flugzeug, mit dem er gleich eine Höhe von 9.760 Metern erreichen wird. Links ist der Konstrukteur Max Friz zu sehen.

weniger als 2.400 Arbeiter monatlich bis zu 200 Flugzeuge produzierten.

Wie schon erwähnt, hatte die von Rapp-Werke in Bayerische Motoren Werke umbenannte Firma mit der Ingeniosität von Max Friz außergewöhnliche Flugzeugtriebwerke entwickelt, die das Fliegeridol Ernst Udet zu der Aussage hinrissen: »Es dürfte wohl einwandfrei feststehen, dass der BMW-Motor den Höhe- und Glanzpunkt der Flugzeugmotoren während des letzten Kriegsstadiums bildet. Sein einziger Fehler ist nur seine allzu späte Geburt.«

Die BMW-Verantwortlichen wussten um diese Qualitäten. Die Offiziere der alliierten Waffenstillstandskommission kannten sie allerdings ebenfalls. Hatte nicht Ernst Udet noch in den letzten Monaten vor dem Kriegsende mit eben diesem Triebwerk mehr als 30 Abschüsse erzielen können? Ein Grund mehr, sich dieses Werk besonders genau zu betrachten. Doch BMW wollte die Qualitäten des Triebwerks auch für eine friedliche Zukunft demonstrieren, und so setzte sich Franz Zeno Diemer, einer der erfahrensten Piloten seiner Tage in seine DFW-Maschine und erreichte am 9. Mai 1919 einen ersten BMW-Höhenrekord: 9.120 Meter. Ein nahezu unglaublicher Wert, der sofort angezweifelt wurde. Deshalb flog Diemer vier Wochen später ein zweites Mal in nie zuvor erreichte Höhen. Die 9.760 Meter, die er dieses Mal mit einem Motor IV erreichte, waren der erste Weltrekord, den BMW vermelden konnte. Doch die Anstrengungen waren vergebens: Der Friedensvertrag vom 28. Juni 1919 verbot Deutschland auf Jahre hinaus die Erzeugung und Ausfuhr von Flugzeugen, Flugzeugteilen und Flugzeugmotoren.

Die Lage war prekär. Deshalb machte sich Max Friz erste Gedanken, ob man nicht mit den vielen Motorenteilen, die noch in den diversen Kellern und Schuppen herumlagen, die Produktion kleiner Lkw- und Schiffstriebwerke beginnen bzw. ausbauen sollte (bereits 1918 wurde ein LKW-

Motor angeboten), um sich so – ergänzt durch die Reparaturen von Motoren – mehr schlecht als recht durch die Nachkriegszeit zu retten. Doch der Plan wurde eher zurückhaltend beurteilt – und eigentlich glaubte niemand daran, dass dies die große Chance wäre. Dann kam es – an einem Herbsttag des Jahres 1919 – bei einer Fahrt an den Walchensee zu einer neuen Idee. Es wurde wieder einmal, wie so oft, über die Zukunft diskutiert, doch von diesem Ausflug kehrten die Beteiligten mit einem Plan nach München zurück: BMW müsste ein Motorrad entwickeln, das sich durch besondere Zuverlässigkeit auszeichnete.

Drei Männer waren bei dieser Fahrt dabeigewesen: Max Friz, Franz Josef Popp und Martin Stolle, ein hoch qualifizierter Motorenfachmann, der vor dem Krieg bei mehreren Automobil- und Motorradfirmen gearbeitet hatte. Den Dreien war auch rasch klar, wie die Technik auszusehen hatte: ein Zweizylinder-Boxermotor, natürlich luftgekühlt. Aus dieser Idee sollte ein Welterfolg werden.

Es sollte bis zum Mai 1922 dauern, bis die Geschichte erneut eine Wendung nahm und aus den beiden Firmen BMW und Bayerische Flugzeugwerke das eigentliche Stammhaus geschaffen wurde. Diese Wendung war das Verdienst von drei Männern, von denen zwei bereits bekannt sind: Franz Josef Popp hatte die Nachfolge von Karl Rapp in dessen Firma angetreten, Max Friz kennen wir bereits als begnadeten Ingenieur – der dritte ist der Wiener Finanzier (andere werden ihn später Spekulanten nennen) Camillo Castiglioni, der zu den schillerndsten Vertretern seiner Sorte gehörte und in seinen stärksten Zeiten über nicht weniger als 170 Firmen verfügte. Castiglioni hatte sich nicht nur zum Besitzer von Austro-Daimler aufgeschwungen, sondern sich auch bei den Rapp-Werken eingekauft, ein Engagement, das er am Ende des Krieges an die Firma »Knorr-Bremse AG« abtrat.

Im Laufe der Jahre vertrauten sich immer mehr Entdecker den Flugzeugmotoren der Bayern an – hier ist die Dornier-»Merkur«-Maschine des Schweizers Walter Mittelholzer bei einer Wasserung in Zentralafrika zu sehen.

Popp nahm nun wieder zu Castiglioni Kontakt auf und schlug ihm vor, der Firma Knorr ein Angebot für den Namen BMW, dessen Logo und Max Friz und sein Team zu unterbreiten. Zusammen mit diesem Ingenieur wollte Popp auf dem Gelände der ehemaligen Bayerischen Flugzeugwerke ein neues Unternehmen gründen. Castiglioni machte Knorr das Angebot, Knorr schlug ein (dass sich der Kaufpreis in der Inflation in ein Nichts verwandeln sollte, dürfte Castiglioni wenig gestört

Zwei ältere Herren, die in einer ruhmreichen Vergangenheit schwelgen: Max Friz (l.) und Wolfgang von Gronau (r.) im Jahre 1966.

haben) und die Firma BMW hatte eine neue Heimat gefunden. Damit hatte das Unternehmen an der Lerchenauer Straße 76 östlich des Münchner Flugplatzes Oberwiesenfeld sein Stammgelände gefunden.

Doch man hatte (neben den mittlerweile weit vorangeschrittenen Überlegungen für ein neues Motorrad) stets die Flugmotoren im Hinterkopf behalten – schließlich besaß das Unternehmen hier eine beträchtliche Reputation. Also nutzten die Münchner jede Chance, die Qualität und die brillanten Ideen, die in ihren Triebwerken steckten, vorzuführen. Heute würde die Öffentlichkeit von einem überzeugenden Marketingkonzept reden – damals wollte die Firma mit ihren spektakulären Fernflügen nur beweisen, dass sie die Zwangspause in ihrer Kreativität nicht eingeschränkt hatte. So flog der Schweizer Walter Mittelholzer schon 1924 in 41 Flugstunden nach Persien, um nur zwei Jahre später in 22 Etappen quer durch Afrika nach Kapstadt zu gelangen. In diesem Jahr errang auch ein Flugboot vom Typ Rohrbach Ro VII mit einem BMW-VI-Flugmotor fünf Weltrekorde. Von den 87 Weltrekorden, die 1927 in der Fliegerei fielen, wurden 29 mit BMW-Motoren erreicht. Auf der Strecke von Branquilla nach Bogotá verkehrten Flugzeuge im täglichen Postdienst mit BMW-Triebwerken, während Gunter Plüschow mit seinem Flugzeug mit BMW-Motor Patagonien und Feuerland erkundete.

Der Titel der »BMW Flugmotoren Nachrichten« von 1929 zeigte das typische BMW-Propellermotiv.

Am 12. April 1927 fand einer der spektakulärsten Flüge statt: Nur ein Jahr nach der ersten Ozeanüberquerung durch Charles Lindbergh flogen die Deutschen Hermann Köhl und Ehrenfried Günther Freiherr von Hünefeld zusammen mit dem irischen Obersten James C. Fitzmaurice mit einer Junkers W 33 (die sie auf den Namen »Bremen« getauft hatten) zum ersten Mal in 36 Stunden und zwei Minuten über den Atlantik von Irland in die USA. Als die drei Ozeanflieger in Washington von Präsident Coolidge die höchste amerikanische Fliegermedaille erhielten, sagte er, an Köhl gewandt: »Sie und Ihre Kameraden haben für Ihre Länder mehr geleistet als ein Dutzend Diplomaten.«

Kein Wunder, dass nun auch die Amerikaner von der bayerischen Qualität überzeugt waren und der amerikanische Flugmotorenhersteller Pratt & Whitney 1928 einen Lizenzvertrag über den Bau von Sternmotoren unterschrieb. 1930 flog Wolfgang von Gronau mit einem Dornier-Wal-Flugboot über Grönland und Labrador nach New York, wo er – zur Begeisterung der

Die Rohrbach »Romar« war 1929 mit einer Spannweite von 37 Metern und einer Länge von 22 Metern das größte Flugboot der Welt. Für den Antrieb sorgten drei BMW-VI U-Motoren mit 500/800 PS. Die Romar konnte zwölf Passagiere und vier Mann Besatzung transportieren.

Amerikaner – zwischen den Ozeandampfern und der Freiheitsstatue wasserte. Und zwei Jahre später umrundete von Gronau mit 26 Zwischenlandungen einmal die Welt – 44.800 Kilometer, auf denen die BMW-Triebwerke ihre Qualität unter Beweis stellten.

Ursprünglich waren die Flugmotoren noch Reihen-Sechszylinder, die im Typ BMW IV 320 PS leisteten, um dann im Typ Va auf 385 PS gebracht zu werden – doch das Ende des Versailler Flugverbots sorgte im Jahre 1926 dann für eine rasche Vergrößerung des Angebots: Der neue BMW VI war nun ein Zwölfzylinder-V-Motor mit 800 PS Boden- und 585 PS Dauerleistung. Ein Angebot, das auf der ganzen Welt ankam. Allein die sowjetische »Rote Armee« bestellte mehr als 1.000 dieser Motoren für ihre noch junge Luftwaffe. Bis in die Mitte der 30er Jahre sollten allein in München nicht weniger als 7.000 dieser Zwölfzylinder gebaut werden – und dazu kamen noch etliche tausend Triebwerke, die in anderen Ländern in Lizenz entstanden. Keine Frage, BMW hatte seine Reputation als Flugmotorenhersteller glänzend verteidigt – doch parallel dazu hatten auch Motorräder und Automobile Gestalt angenommen.

Martin Stolle, der einer der Väter des legendären BMW-Boxermotors war, unterzog sein neues Triebwerk auch im Winter harten Testfahrten.

Von der Luft Auf die Erde

BMW widmet sich Motorrädern und Automobilen *1923 bis 1941*

Um überleben zu können, blieb den Bayerischen Motoren Werken zu Beginn der 20er Jahre gar nichts anderes übrig, als sich mit Motorrädern zu beschäftigen, denn der Bau und der Verkauf von Flugmotoren war von den Alliierten verboten worden. Alle Pläne, mit dem Vertrieb von Nutzfahrzeugtriebwerken oder Bootsmotoren Geld zu verdienen, konnten nur langsam vorangebracht werden, denn die Märkte, die diese Triebwerke abnehmen sollten, entwickelten sich sehr träge. So war der im Herbst 1919 gefasste Gedanke, mit einem vernünftigen und robusten Motorrad die Grundbedürfnisse der Mobilität zu befriedigen, gar nicht so schlecht gewesen, denn das Geld für Automobile hatten nur einige wenige Reiche und Spekulanten – selbst erste Häuser wie die Daimler-Motorengesellschaft oder Benz schätzten sich glücklich, ein paar hundert ihrer Gefährte an den Mann bringen zu können.

Nachdem sich Franz Josef Popp, Max Friz und Martin Stolle über das grundsätzliche Konzept einig waren, machte sich Stolle daran, einen luftgekühlten Boxermotor zu entwickeln. Dafür musste er zuerst einmal einen Motor des britischen Herstellers Douglas zerlegen, denn er hatte dem Direktor Popp von den Qualitäten dieses Motorradtriebwerks vorgeschwärmt – das nun, verbessert und deutlich überarbeitet, als Basis des eigenen Motors dienen sollte. Max Friz hatte die Überlegungen in technische Zeichnungen umzusetzen, was ihn nur bedingt begeisterte – denn der Umstieg von Flugzeugmotoren mit Vierventiltechnik und oben liegenden Nockenwellen auf einen vergleichsweise schlichten Boxermotor mit seitengesteuerten Ventilen erschien ihm doch krass. Im Frühjahr 1920 begann Stolle mit der Montage einer Vorserie von sechs Motoren, die sich – mit einer Bohrung und einem Hub von 68 Millimetern – nicht von dem Douglas-Vorbild unterschieden. Das Ein- und das Auslassventil lagen auf der Oberseite der horizontal angeordneten Zylinder, wobei beide von einer stirnradgetriebenen zentralen Nockenwelle betätigt wurden. Ungewöhnlich

Von 1923 bis 1926 wurden in den Münchner BMW-Werkshallen insgesamt 3.100 Boxermaschinen des Typs R 32 gefertigt.

war der Einsatz von Aluminiumkolben – diesen Trick hatte Stolle bei den Flugmotoren gelernt, wo derartige Werkstoffe bereits zum Einsatz kamen. Neu war auch eine Druckumlaufschmierung und eine staubdicht verkapselte Ventilsteuerung. Der erste Motor lieferte aus einem Hubraum von 494 ccm bei 3.000/min ganze 6,5 Pferdestärken – ein Verhältnis, das auf eine lange Lebensdauer schließen ließ. Der erste fertige Motor, der die Nummer 25.001 erhielt, wurde rasch in ein Douglas-Fahrgestell montiert – und absolvierte in den nächsten Monaten etliche Testkilometer.

Mittlerweile hatte Franz Josef Popp mit Johann Philipp Vielmetter, dem Direktor der Firma »Knorr-Bremsen«, einen Lizenzvertrag über den Bau von 10.000 Bremsgeräten für die Königlich Bayerischen Staatsbahnen ausgehandelt. Während Popp diesen Auftrag zur willkommenen Auslastung seines Unternehmens sah, plante Vielmetter mit dieser Zusammenarbeit die erste Stufe einer langfristigen Übernahme des modernen BMW-Werks. Zu diesem Zweck verbündete er sich mit dem bereits erwähnten Wiener Spekulanten Camillo Castiglioni, der im November 1918 den Aktienbestand der BMW AG aufgekauft hatte.

Dem Wiener Finanzier Camillo Castiglioni gehörten zu seiner besten Zeit nicht weniger als 170 Firmen – darunter auch die Rapp-Werke.

Popp konnte sich aber einstweilen noch erfolgreich dagegen wehren, seine Motorenproduktion an Knorr weiterzureichen – und so fuhr Stolle mit seinem **BMW-Douglas-Prototyp** nach Nürnberg zu der Firma »Victoria«, die sich bereits kurz nach der Jahrhundertwende mit dem Bau von Motorrädern beschäftigt hatte. Die Nürnberger sahen ebenfalls Chancen für ein ausgereiftes und zuverlässiges Motorrad und erklärten sich bereit, ein eigenes Fahrgestell für den neuen Motor zu entwickeln, das im Herbst 1920 fertig gestellt wurde. Erste Erprobungsfahrten verliefen mehr als zufrieden stellend – und so wurden sich die beiden Firmen rasch handelseinig: Im Winter 1920/21 begann BMW in der Moosacher Straße mit dem Bau von einigen hundert Motorradtriebwerken des Typs M2 B15, die in der **»Victoria KR I«** zum Einsatz kamen – und die Presse pries das neue Motorrad in höchsten Tönen: Das ausgezeichnete Fahrverhalten, die hohe Qualität, die Laufruhe und das unkomplizierte Boxertriebwerk wurden immer wieder lobend erwähnt.

Ende 1921 war BMW erstmals auf der Berliner Automobilausstellung vertreten. Auch hier wurden die Motoren des Hauses von den Fachzeitschriften in den höchsten Tönen gelobt. Und mehr denn je waren sich Popp und seine beiden Mitstreiter sicher, dass die Zukunft des Unternehmens – solange der Flugmotorenbau noch verboten war – im Bau von Motorrädern und Kleinfahrzeugen liegen würde. Doch leider sahen dies Johann Philipp Vielmetter und dessen Aufsichtsrat anders: Sie vertraten die Meinung, dass der öffentliche Personenverkehr der Zukunft auf der Schiene stattfinden würde – und deshalb wollten sie den Bremsenbau verstärken. Vielmetter gestand Popp maximal zu, auf einer Nebenlinie Motorradtriebwerke zu bauen.

Was tun? Popp hatte gehört, dass der Wiener Besitzer der Aktien seines Unternehmens ebenfalls über den Bau eines Kleinwagens nachdachte. Also suchte er das Gespräch mit Castiglioni und erläuterte ihm einen ungewöhnlichen Plan: Castiglioni solle doch von Knorr den Namen »BMW« und die Rechte an dem Logo und den Motoren zurückkaufen. Außerdem sollte er die beiden Ingenieure Friz und Stolle mitnehmen. Und ein neues Gelände wusste Popp ebenfalls – die dahingegangenen »Bayerischen Flugzeugwerke AG«, in denen die Motorräder und Fahrzeuge dann gebaut werden könnten. Dass dieser Plan von Castiglioni akzeptiert wurde, wissen wir bereits. Im Herbst 1921 wurden die Weichen entsprechend gestellt, und im November dieses Jahres kaufte Castiglioni in aller Stille auch die Aktienmehrheit der ehemaligen Flugzeugwerke von Gustav Otto.

Es sollte noch bis zum 5. Juni 1922 dauern, bis die »Bayerischen Motoren Werke Aktiengesellschaft« auch offiziell gegründet wurden – doch Friz und

Stolle hatten während all der Monate intensiv an ihrem Motorradprojekt weitergearbeitet, und allmählich nahm das Projekt richtige Formen an. Zuerst hatte Martin Stolle durch einige konstruktive Veränderungen die Leistung auf nunmehr 10 PS angehoben, anschließend plante er die Umrüstung auf oben gesteuerte Ventile und abnehmbare Zylinderköpfe. Popp und Friz aber sahen in den Motorradmotoren noch immer Lückenbüßer, die nur eine Übergangslösung darstellten, bis man sich wieder an die Konstruktion und den Bau von »richtigen« Motoren machen würde. Max Friz, der sich als Chefkonstrukteur sah, untersagte Stolle schließlich weitere Konstruktionsarbeiten – woraufhin Martin Stolle kündigte und am 2. Januar 1922 bei der Firma Wilhelm Sedlbauer anheuerte, die seinen Plänen aufgeschlossen gegenüberstand. Seine neue Heimat war nun die Tegernseer Landstraße 159, wo der nach seinen Vorstellungen konzipierte Boxermotor rasch zum Laufen kam und bereits im Winter 1922/23 als WSM-Motor (Wilhelm Sedlbauer München) in die Fahrgestelle von Victoria montiert wurde, wo er mit dem Modell »**Victoria KR II**« angeboten wurde.

Mag sich auch die Form über die Jahrzehnte verändern – Werbung (hier aus dem Jahr 1921) bleibt dennoch ein essenzieller Bestandteil der Selbstdarstellung.

Mittlerweile hatten Popp und Friz erkannt, dass sich das geplante Kleinwagenprojekt doch nicht so rasch realisieren ließ, wie man es geplant hatte. Erste Überlegungen, das von Ferdinand Porsche entwickelte »Sascha«-Kleinwagenprojekt in eine Kleinserie umzusetzen oder ein modifiziertes »Tatra«-Fahrgestell mit dem Boxermotor serienreif zu entwickeln, waren rasch eingestellt worden. Und mit dem Bau von Flugzeugmotoren war auch kein Geld zu verdienen. Zwar baute man noch diverse Motorräder unter den Namen »**Helios**« und »**Flink**«, doch während sich das Leichtmotorrad Flink noch in gewissen Stückzahlen absetzen ließ, war die Helios praktisch unverkäuflich, da sie nicht nur relativ teuer, sondern in ihren Fahreigenschaften auch der Victoria unterlegen war. Ende 1922 kam der nächste Schlag: Die Nürnberger kündigten BMW den Liefervertrag für deren Boxermotoren, denn man wollte sich nur noch mit den von Martin Stolle weiterentwickelten WSM-Motoren eindecken.

Popp hatte nun die Alternative zwischen der Produktionseinstellung und der Neuentwicklung eines eigenen Motorrads – er wählte die Flucht nach vorne. Also zog sich Max Friz für einige Wochen in sein Privathaus zurück, um dort in aller Ruhe an einem neuen Konzept zu arbeiten, das die hohen technischen Ansprüche von BMW mit vernünftigen Produktionskosten vereinen sollte. Nur vier Wochen nach der Auftragserteilung – also bereits im Dezember 1922 – hatte Friz das neue Prinzip definiert: Der Zweizylinder-Boxermotor saß nun quer im Rahmen, womit die beiden Zylinder kühlungsgünstig direkt im Fahrtwind lagen. Da die Kurbelwelle durch diesen Einbau längs lag, konnte auch das an den Motor angeflanschte Getriebe

direkt angetrieben werden. Friz hatte sich von dieser Motoranordnung noch weiter inspirieren lassen: Hier sorgte keine Kegelrad-Umlenkung für einen Kettenantrieb, sondern lieferte der Antriebsstrang die Kraft mit einer Kardanwelle direkt an das Hinterrad. Für das Vorderrad setzte Friz eine ungewöhnliche Lösung ein: Es wurde von einer Schwinggabel geführt, bei der die Radachse von Schwinghebeln hinter den Gabelholmen gezogen wurde und ein U-förmiger Bügel nach oben zu der vorne unter dem Steuerkopf befestigten Ausleger-Blattfeder reichte. Der Rahmen selbst bestand aus zwei Rohrschleifen, und der Tank saß in den beiden oberen Rahmenrohren. Friz war eine ungewöhnlich kompakte Konstruktion gelungen, die ihre Qualitäten über Jahrzehnte hinweg behalten sollte.

Die Sensation des Pariser Autosalons 1923: Die BMW R 32. Mit ihrem Rohrrahmen, dem quer zur Fahrtrichtung eingebauten Boxermotor mit 8,5 PS Leistung und dem angeflanschten Kardanantrieb sollte die R 32 der erste Vertreter einer völlig neuen Motorradgeneration werden.

In den ersten Monaten des Jahres 1923 waren die Beteiligten hauptsächlich damit beschäftigt, die neue Konstruktion serienreif zu machen – um die »**BMW R 32**« in der ersten Oktoberwoche sowohl auf dem Pariser Automobilsalon wie auch auf der Berliner Automobilausstellung der Weltöffentlichkeit vorstellen zu können. Kurz darauf hatte die Fachzeitschrift »Illustrierte Motorzeitung« am 25. Oktober erstmals ausführlich über das »BMW-Rad« berichtet, doch noch stand die Öffentlichkeit der neuen Entwicklung kritisch gegenüber: Die frei stehenden Zylinder verhießen im Falle eines Sturzes teure Reparaturen, während die vom Werk versprochenen 8,5 PS vielen Interessenten als zu niedrig erschienen. Andererseits lobten alle den kompakten Motor-Getriebe-Block, und als die ersten Motorräder ausgeliefert waren, sorgten die hohe Qualität, der niedrige Wartungsaufwand und das hervorragende Fahrwerk, das trotz der vergleichsweise geringen 8,5 PS lockere 90 km/h ermöglichte, für begeisterte Kommentare. So war es kein Wunder, dass BMW – obwohl es 1923 nicht weniger als 132 Motorradhersteller gab – rasch erfolgreich war. Der

Motorradmarkt boomte: Existierten 1922 noch 38.000 Motorräder auf deutschen Straßen, so waren es 1924 bereits 98.000, 1925 sogar 162.000. Keine Frage: Franz Josef Popp hatte den richtigen Riecher gehabt.

Popp setzte von Anfang an auf die Werbewirksamkeit von Siegen beim Motorsport: Bereits Anfang 1924 erzielte Rudolf Schleicher bei der ADAC-Winterfahrt von München nach Garmisch-Partenkirchen die Tagesbestzeit für Motorradfahrer, und beim Bergrennen auf der Mittenwalder Steig schlug er sogar die Autobestzeit. Schleicher, der im Oktober 1923 von der TH München zu BMW gekommen war, entpuppte sich aber nicht nur als hervorragender Motorradrennfahrer, sondern auch als begabter Konstrukteur, der Max Friz immer mehr Arbeit abnehmen sollte. Friz hatte sich nämlich nach seinem ersten Motorradentwurf wieder seinen Flugmotoren zugewandt und mit den Vorbereitungen für die Konstruktion des BMW-VI-Zwölfzylindermotors begonnen.

Die R 32 verkaufte sich – dafür, dass sie mit 2.200 Mark ziemlich teuer war – hervorragend: Ende 1924 waren bereits knapp 1.500 Exemplare ausgeliefert. Langsam wurde das Modellprogramm erweitert, ein Seitenwagen kam zum Preis von 750 Mark dazu, es konnten auch ein Tachometer, eine Bosch-Lichtanlage oder ein Soziussitz mit Fußrasten geordert werden. Und vor allem entschloss sich das Werk im Juni 1924, eine auf 50 Exemplare limitierte Kleinserie von verkappten Rennmaschinen aufzulegen. Dieses Motorrad basierte mit seinem neuen Aluminiumzylinderkopf und den im

Die BMW R 39 mit ihrem 250-ccm-Einzylindermotor war nur von 1925 bis 1926 im Programm. Nach 855 Exemplaren wurde die Produktion wieder eingestellt, da kaum Nachfrage existierte. Der Grund dafür: Die Zweizylinder R 32 war nur 50 Mark teurer und bot mehr Leistung.

Eine der Ikonen des Motorradsports: die Kompressor-BMW mit 750 ccm Hubraum, mit der Ernst Henne seine Weltrekorde fuhr.

90°-Winkel hängenden Ventilen sowie einem Doppelvergaser auf den Prototypen von Rudolf Schleicher, mit denen er 1923 bei einigen Rennen angetreten war. Das neue Motorrad, das bei 4.000/min stolze 16 PS leisten sollte, bekam die Bezeichnung »R 37« – und schon vor dem ersten Auftritt auf der Berliner Automobilausstellung im Dezember 1924 musste die Serie auf 100 Exemplare erhöht werden, da die Nachfrage so stark war.

Mit diesem Motorrad errangen die Münchner in der Saison 1925 nicht weniger als 91 Siege und zwei Deutsche Meisterschaften. Im Jahr darauf beendete Rudolf Schleicher die Internationale Sechstagefahrt im britischen Buxton mit einer Goldmedaille. Die Fachwelt war beeindruckt, denn das Gefährt war nicht einmal mit Geländereifen ausgerüstet gewesen. Arthur Low schrieb in »The Motor Cycle«: »Die interessanteste Maschine war zweifellos die BMW. Auch nach den schwersten Etappen konnten wir nirgends Ölspritzer entdecken, die Maschine lief ohne störende Geräusche und schien noch eine große Kraftreserve zu besitzen. Sie ist, was die Konstruktion betrifft, jeder britischen Maschine meilenweit voraus.«

Schon Mitte der 20er Jahre feierten die BMW-Fahrer – hier Toni Bauhofer – triumphale Erfolge.

Parallel zu dieser Hochleistungsmaschine hatte Popp aber auch an ein Motorrad für Einsteiger gedacht und mit der »**R 39**« einen 250-ccm-Einzylinder entwickeln lassen, der bei 4.500/min 6,5 PS und nicht weniger als 100 km/h Höchstgeschwindigkeit bereitstellte. Als das Motorrad im September 1925 zu einem Basispreis von 1.870 Mark bei den Händlern stand, hatte der neu ins Team gekommene Sepp Stelzer mit ihr bereits einen deutschen Meistertitel erringen können – ein hervorragender Einstieg für das neue Münchner Geschöpf.

Über all die Motorradaktivitäten hatte die Direktion aber (zusammen mit Camillo Castiglioni) nicht vergessen, dass man das Unternehmen ja eigentlich wegen einer geplanten Automobilproduktion umstrukturiert hatte. Um den Einstieg des Hauses BMW in die Automobilindustrie nachvollziehen zu können, sollten wir noch einmal kurz in die Vergangenheit gehen – zu einem anderen Finanzier namens Jakob Schapiro, der (ähnlich wie Camillo Castiglioni) zu seinen besten Zeiten große Teile der deutschen Automobilindustrie besaß. Schapiro hatte seine Karriere als Geschäftsführer der Berliner Karosseriefirma »Schebera« und als Besitzer einer Taxigesellschaft gestartet – kein Wunder, dass innerhalb kürzester Zeit ein Großteil der Berliner Taxen mit Schebera-Karosserien versehen waren. Dazu kamen rasch eine große Werkstatt und eine Firma, die Panzerschränke produzierte. Von den Gewinnen erwarb er schrittweise die Mehrheit der Firmen »NSU« in Heilbronn und des sächsischen Unternehmens »Cyclon« – und bald rollten viele Berliner Taxen auf Fahrgestellen dieser Häuser. Und langsam, aber sicher hatte sich Schapiro auch einen Großteil der Aktien der Firma Benz angeeignet – um schließlich bei der Fusion von Mercedes und Benz nicht weniger als 60 Prozent der Aktien des Mannheimer Unternehmens zu besitzen. Um nun die Beziehung zu BMW verstehen zu können, sollte man wissen, dass Schapiro auch noch die Mehrheit der »Gothaer Waggonfabrik« besaß, die 1921 mit der »Fahrzeugfabrik Eisenach« fusioniert hatte.

Jakob Schapiro kontrollierte 1928 in Deutschland insgesamt 13 Firmen, womit sein Unternehmen nach Daimler-Benz die zweitgrößte Gruppe im Fahrzeugbereich besaß. Als die große Wirtschaftskrise kam, hatte der Unternehmer aber plötzlich Probleme, denn seine Käufe waren mit zu hohen Krediten finanziert worden – und Schapiro versuchte, mit gewagten Finanztransaktionen die Schulden von einer Firma zur anderen zu verschieben. Den Eisenacher Ingenieuren hatte Schapiro – unter dem Tarnnamen

»Diana« – die Entwicklung eines Kleinwagens aufgetragen, der allerdings nicht so richtig gelingen wollte. Daher machte sich das Management auf die Suche nach einem fertigen Kleinwagen, den man in einer Lizenzproduktion bauen wollte.

Popp hatte sich in diversen Artikeln immer wieder dahingehend geäußert, dass in Deutschland eine Massenproduktion nach amerikanischem Vorbild organisiert werden müsste. Wenn BMW alleine zu klein war, um diese Massenproduktion zu initiieren, dann musste man sich eben mit anderen Firmen zusammenschließen. Eine der treibenden Kräfte hinter derartigen Gedanken war Emil Georg von Stauss, der als Direktor der Deutschen Bank sowohl

Auf der Automobilausstellung in Berlin im Herbst 1928 konnten sich die Kunden bereits die verschiedensten Varianten des Dixi betrachten.

bei Daimler-Benz wie auch bei BMW als Aufsichtsratsvorsitzender fungierte. Auf seinen Wunsch hin (und sicherlich auch mit dem Wohlwollen des Benz-Großaktionärs Schapiro) verhandelten der Daimler-Benz-Vorstandsvorsitzende Dr. Wilhelm Kissel und sein Kollege Popp von BMW über gemeinsame Pläne – und so kam es am 15. April 1926 zu einem Vertragsabschluss mit den Häusern »Daimler« in Stuttgart und »Benz« in Mannheim, die ihrerseits wiederum am 19. Juni unter dem Namen »Daimler-Benz«

fusionieren sollten. Der Plan der drei Unternehmen war, gemeinsam einen süddeutschen Automobilkonzern anzustreben, bei dem die Stuttgarter Flugmotoren und Mercedes-Automobile und die Münchner ebenfalls Flugmotoren sowie Motorräder und Kleinwagen bauen sollten. Doch aus den Plänen sollte nichts werden. Popp wurde allerdings später eine der treibenden Kräfte hinter der Realisierung des »KdF«- oder »Volkswagens«. Hier sorgte er mit seinen Anregungen dafür, dass die Deutsche Arbeiterfront die Finanzierung des Projekts übernahm, da sich der Verband der Automobilindustrie weigerte, den Volkswagen in einer seiner Mitgliedsfirmen bauen zu lassen.

Vier Dixi auf einen Streich – die Bayerischen Motoren Werke lieferten von Ende der 20er Jahre an ihren Dixi, der auf einer Lizenz des Austin Seven beruhte, an Kunden in ganz Deutschland aus.

Doch in den ersten Jahren ließ sich die neue Arbeitsteilung noch gut an. Popp hatte sich auf seiner Suche nach einem bereits existierenden Kleinwagen auch nach England gewandt. Er stieß dort auf den Austin »Seven«, der seit 1923 im Handel war und sich blendend verkaufte. Mit seinem 747 ccm großen und rund 10 PS starken Vierzylinder war der Kleinwagen nur 25 Pfund teurer als ein großes Motorrad – kein Wunder, dass Herbert Austin im Herbst 1929 bereits den 100.000sten Wagen ausliefern konnte. Also verhandelten Herbert Austin und Jakob Schapiro im Frühjahr 1927 über eine deutsche Lizenzproduktion. Schon im Juli 1927 wurden die ersten 100 Karosserien aus dem englischen Werk Longbridge nach Eisenach transportiert. Ende August war der Vertrag unterschrieben, und die Eisenacher Fahrzeugfabrik konnte mit der Produktion des Wagens beginnen. Im September 1927 wurden die ersten Exemplare des »**Dixi 3/15 PS**« genannten Fahrzeugs zum Preis von 2.950 Reichsmark ausgeliefert. Obwohl sich der Dixi auf Anhieb gut verkaufte, kam Schapiro wegen seiner anderen Unternehmen in immer größere Schwierigkeiten. Letztlich musste er die Eisenacher Fahrzeugfabrik an Camillo Castiglioni verkaufen, der über seinen Direktor Popp (der auch im Aufsichtsrat von Daimler-Benz saß) stets genau über die finanziellen Verhältnisse von Schapiro informiert worden war.

Der Verkauf selbst fand am 15. November 1928 statt. Dies bewog Camillo Castiglioni dazu, den Oberbürgermeister der Stadt München in einem Brief darauf hinzuweisen, dass München nun über eine Automobilfabrik verfügte. Dass sich diese Fabrik in Eisenach befand, störte ihn nicht weiter. Es sollte nur wenige Wochen dauern, bis aus dem Dixi ein BMW-Fahrzeug wurde; in den Münchner Prospekten tauchte der 3/15 PS aber erst im April 1929 auf. Auch hat es nie offiziell einen »BMW-Dixi« gegeben. Den Verantwortlichen

Mit dem BMW 3/20 boten die Münchner den ersten eigenen Motor an – der Reihen-Vierzylinder hatte 782 ccm Hubraum und leistete 20 PS.

in München wurde relativ rasch klar, dass der kleine Dixi mit nur wenig Aufwand in eine richtige Modellfamilie umgewandelt werden könnte.

So wurden von 1929 an auf dem unveränderten einfachen U-Profil-Chassis mit den starren blattgefederten Achsen (und den nun auf alle vier Räder wirkenden Bremsen) verschiedene Karosserievarianten angeboten. Für die etwas sportlicher angehauchten Kunden stand ein Zweisitzer mit einem einfachen Klappverdeck und Steckscheiben als Wetterschutz im Angebot, der allerdings auch als Coupé (also mit einem festen Dach) oder als Luxuskabriolett mit einem aufwändig gefütterten Klappverdeck geordert werden konnte.
Parallel zu diesen reinen Zweisitzern hatten die Münchner auch eine etwas geräumigere Karosserie mit größeren Türen im Angebot – denn mancher der Interessenten hatte sich an der Tatsache gestört, dass auf den Rücksitzen nur Kinder einigermaßen ausreichend Platz fanden.
So wurde auf der Basis des bewährten Chassis auch eine viersitzige Variante gebaut, die als offener Tourenwagen, als Kabriolett mit vier Sitzplätzen und zwei festen Seitenfenstern sowie als zweitürige Limousine mit einem festen, kunstlederbespannten Aufbau gefertigt wurde. Damit hatte BMW mit der Übernahme des Eisenacher Werks einen vernünftigen und sparsamen Kleinwagen im Angebot, der in nicht weniger als sechs verschiedenen Varianten bei den Händlern stand.
BMW wäre seiner Motorsporttradition untreu geworden, wenn man nicht auch auf der Basis des neuen Produkts eine besonders sportliche Variante angeboten hätte. Deshalb kam 1930 mit dem BMW 3/15-Roadster »**Wartburg**« eine 18 PS starke Version auf den Markt, die mit ihren 85 km/h Höchstgeschwindigkeit auf Anhieb etliche Siege erringen konnte. Von diesem 3.000 RM teuren Sportzweisitzer sollten zwischen 1930 und 1931 nur 150 Exemplare gebaut werden.

Noch funktionierte die Zusammenarbeit zwischen BMW und Daimler-Benz – auch wenn es nie offizielle Fusionsverträge gab. So standen der kleine Dixi und die großen Mercedes-Modelle bei vielen Händlern gemeinsam in den Schaufenstern, und als sich BMW 1931/32 daran machte, ein Nachfolgemodell für den 3/15 PS zu entwickeln, wurden die Karosserien für dieses Fahrzeug bei Mercedes in Sindelfingen gebaut. Das neue Modell trug die Bezeichnung »**3/20 PS**«, und unter der Motorhaube arbeitete die erste eigene Motorkonstruktion der Münchner: Der Reihenvierzylinder hatte nun 782 ccm Hubraum, dazu gab es hängende Ventile, die durch eine seitlich liegende Nockenwelle sowie Stoßstangen und Kipphebel gesteuert wurden. Neu war auch der Zentralkastenrahmen sowie die hintere Pendelachse. Aber die solide Karosserie war mit 650 Kilogramm etwa 100 Kilogramm schwerer als die des Vorgängers, und die 20 PS hatten mit dem Gewicht schwer zu kämpfen. Dass sich der »3/20« nicht so leicht verkaufen ließ wie sein Vorgänger (von dem 25.356 Exemplare abgesetzt wurden), lag aber auch an den Nachwirkungen des Börsenkrachs von 1929 – in diesen Zeiten hatten die wenigsten Geld für ein Automobil.

Mit viel Komfort und Eleganz – der BMW 303 hatte den ersten Sechszylinder des Hauses, der aus 1,2 Liter Hubraum 30 PS abgab.

Der große Börsenkrach beendete auch die Karrieren von Jakob Schapiro und Camillo Castiglioni. Beide gingen Bankrott, von nun an hatten andere das Sagen. Während die Stuttgarter noch immer auf die großen Fahrzeuge setzten (der billigste Mercedes kostete das Zweieinhalbfache eines »3/20 PS«), wurde nun in München der Plan gefasst, einen kleinen Wagen mit besonders viel Komfort und Eleganz zu konstruieren. Das Resultat war der »**303**«, ein 1,2-Liter-Modell mit einem Reihen-Sechszylinder, der bei 4.000/min stolze 30 PS ablieferte. Er wurde am 11. Februar 1933 vorgestellt. Ein Modell, mit dem Daimler-Benz nicht gerechnet hatte und das man in Stuttgart als Affront empfand: Ein bayerischer Sechszylinder passte nicht in die Vorstellungen einer gemeinsamen Zusammenarbeit – und so wurde die Kooperation aufgekündigt.

Auf dem Weg zum Weltrekord: Nachdem Ernst Henne angeschoben wurde und die Stützräder eingefahren waren, erreichte der Münchner 1937 auf der Autobahn von Frankfurt nach Darmstadt 279,503 km/h.

Franz Josef Popp hatte mittlerweile in München ein bemerkenswertes Team zusammengetragen: Fritz Fiedler war für die Gesamtkonstruktionen zuständig, während sich Rudolf Schleicher als Motorenspezialist entpuppte. Die beiden entwickelten (teilweise vom Motorrad- und Flugmotorenbau beeinflusst) immer neue Produkte, die allerdings bis in die 40er Jahre stets in Eisenach gebaut wurden. Fiedler und Schleicher schufen auf der Basis des 303 ein richtiges Baukastenprogramm: Wer gerne etwas mehr Temperament

Am 19. September 1929 erreichte Ernst Henne nicht weniger als 216,75 km/h – womit er einmal mehr einen Motorrad-Weltrekord aufgestellt hatte.

hatte, konnte von 1934 an zum »**315**« mit einem auf 1,5 Liter Hubraum vergrößerten Motor mit 34 PS Leistung greifen, ein Jahr später kam dann noch der »**319**« mit 1,9 Liter Hubraum und 45 PS. Für den Einsteiger gab es die 303-Karosserie auch als »**309**« mit einem 0,9-Liter-Vierzylinder und 22 PS. Natürlich fertigte man sowohl vom 315 als auch vom 319 Sportversionen, die mit ihren 40 und 55 PS bis zu 130 km/h Höchstgeschwindigkeit erreichten – und den Ruhm der sportlichen Münchner mehrten.

Dies war ein Ruhm, den BMW bei den Motorrädern schon längst besaß, denn Ernst Henne hatte sich bereits Ende der 20er Jahre daran gemacht, den absoluten Geschwindigkeitsrekord zu brechen. Dafür hatte man bei BMW eine 500-ccm-Rennmaschine (und auch den Fahrer) mit einer aerodynamischen Verkleidung versehen und Henne auf eine Straße nördlich von München geschickt. Am 19. September 1929 war es so weit: Henne erreichte 216,75 km/h. Ein Rekord, der in den nächsten Jahren hart umkämpft war, denn von nun an entspann sich zwischen den Engländern und BMW ein faszinierender Wettkampf um diesen Rekord. Auch der Italiener Tareffi war beteiligt. Am 30. September 1930 fuhr Henne (nun auf einer 750-ccm-Maschine) 221,539 km/h, um Anfang April 1931 etliche Klassen-Weltrekorde nachzulegen. Am 27. November 1937 setzte Henne dann einen Schlusspunkt unter den langjährigen Kampf um den absoluten Motorrad-Geschwindigkeitsrekord – die 279,5 km/h, die er an diesem Tag erreichte, sollten erst 14 Jahre später überboten werden.

Das Jahr 1936 brachte dem deutschen Volk die lang ersehnten Olympischen Spiele in Berlin, bei denen sich die Nationalsozialisten der Welt als tadellose Gastgeber präsentieren wollten. Für BMW brachte dieses Jahr mit der Präsentation des »**326**« die erste Vorstellung der neuen Baureihen, mit denen die Münchner in den nächsten Jahren bestehen wollten. Sowohl die Limousine wie auch das Cabriolet setzten mehr auf Komfort und Repräsentation als auf ausgeprägte Sportlichkeit. Doch das war weiter nicht schlimm, denn BMW lieferte parallel zu dem neuen 50 PS starken 2-Liter-Sechszylinder mit dem legendären »**328**« den Beweis dafür, zur technischen Avantgarde zu gehören. Dieser 80 PS starke Zwei-Liter-Sportwagen, der am 14. Juni 1936 beim Eifelrennen sein erfolgreiches Debüt hatte, sollte in den nächsten Jahren zum erfolgreichsten europäischen Fahrzeug seiner Kategorie werden, das nicht nur zahllose Siege für die weiß-blaue Marke errang, sondern auch vielen Konstrukteuren als Vorbild für deren eigene Entwicklungen diente. Der Reihen-Sechszylinder besaß den Graugussblock des 319, auf dem allerdings ein Siluminzylinderkopf mit groß dimensionierten Ein- und Auslassventilen saß, die von einer Nockenwelle gesteuert wurden, die wiederum von einer Duplex-Rollenkette angetrieben wurde.

Die raffinierte Zeichnung lässt den Weltrekordfahrer Ernst Henne natürlich noch schneller erscheinen.

Der BMW 326 war in den 30er Jahren der erfolgreichste Wagen im Modellprogramm. Zwischen 1936 und 1941 entstanden nicht weniger als 15.936 Exemplare.

74

Die ungemein elegante Karosserie sollte das Bild eines typischen Roadsters auf Jahre hin prägen. Dass die Fahrzeuge – und ihre von anderen Firmen gebauten Derivate – auch nach dem Krieg noch für etliche Siege sorgten, war ein weiterer Beweis dafür, dass BMW mit dem 328 etwas ganz Besonderes geglückt war. Ganze 464 Fahrzeuge wurden gebaut (von denen etwa 200 überlebt haben). Damit dürfte BMW an dem Wagen, in dem viel Entwicklungsarbeit steckte, trotz des stolzen Preises von 7.400 RM nicht viel verdient haben. Doch für das Renommee des Hauses war der 328 einfach unbezahlbar.

1940 fand die letzte »Mille Miglia« vor dem Zweiten Weltkrieg statt – Huschke von Hanstein und sein Beifahrer Walter Bäumer gewannen dieses Langstreckenrennen mit diesem BMW 328, der eine besonders leichte aerodynamisch ausgefeilte Karosserie des Hauses Touring in Mailand besaß.

Nur 464 Exemplare wurden von dem BMW 328 gebaut – doch diese 2-Liter-Sechszylinder revolutionierten den Sportwagenbau der Vorkriegszeit, und viele von ihnen gewannen noch bis in die 50er Jahre Rennen.

Vorhergehende Doppelseite: Touring baute für die »Mille Miglia« auch eine offene 328-Variante, die am 28. April 1940 auf Rang drei ins Ziel fuhr.

Parallel zum 326 gab es von 1937 an als Einstiegsmodell auch den »**320**«, der etwas kleiner, leichter und preisgünstiger war – und 1939 nach Modellpflegemaßnahmen (unter anderem erhielt er die Vorderachse des 326) zum »**321**« mutieren sollte. Wer es hingegen gerne etwas luxuriöser und sportlicher hatte, konnte von 1937 an zu den bildschönen **»327«-Coupés** und **-Cabriolets** greifen, die wahlweise mit dem auf 55 PS leistungsgesteigerten Triebwerk des 326 oder aber mit dem 80 PS leistenden Motor des 328 erworben werden konnten. Wobei besonders die zweite Variante, die als »327/28« im Angebot stand, zu den aufregendsten Fahrzeugen dieser Jahre gezählt werden dürfte – allerdings mit 8.130 RM für das Cabriolet und 8.100 RM für das Coupé auch ziemlich teuer bezahlt werden musste.
So sollten sich denn in den Jahren von 1937 bis 1940 nur 569 Käufer für dieses 140 km/h schnelle Schmuckstück entscheiden.

Wie gut diese 328-Sportwagen tatsächlich waren, zeigte sich auch 1938 bei der legendären »Mille Miglia« in Italien, als alle vier gestarteten Werks-Roadster ins Ziel kamen und die Zwei-Liter-Klasse klar gewinnen konnten. Noch besser sollte es allerdings 1940 kommen, als Huschke von Hanstein mit seinem Beifahrer Walter Bäumer in einem aerodynamisch gestalteten **»Stromlinien-Coupé«** auf der Basis des 328 den Gesamtsieg erringen sollte, während die drei anderen Fahrzeuge auf den Plätzen drei, fünf und sechs Brescia erreichten. Aber auch bei den Motorradrennen konnten die Münchner großartige Siege erringen. Dies war nicht zuletzt auf die 1936 konstruierten Kompressormaschinen zurückzuführen, die Fahrern wie Schorsch Meier nicht nur 55 PS, sondern auch ein adäquates Fahrwerk zur Verfügung stellten. Der Höhepunkt dieser jahrelangen Siegesserie dürfte zweifellos der

Ein legendärer Sieg für einen legendären Fahrer: Schorsch Meier gewann 1939 mit seiner 55 PS starken Kompressor-Maschine die Tourist Trophy auf der Isle of Man.

unvergessene Sieg von Meier bei der Tourist Trophy auf der Isle of Man im Jahre 1939 gewesen sein, für den sich die britischen Motorradfans noch Jahrzehnte später begeistern konnten.

Der vorläufig letzte Höhepunkt der BMW-Fahrzeugproduktion war dann der »**335**«, mit dem die Münchner 1939 endgültig nach dem Stern griffen. Hier leistete der 3,5-Liter-Sechszylinder bei 3.500/min immerhin 90 PS, die die 1.300 Kilogramm schwere Limousine auf 145 km/h beschleunigten. Dieses 7.850 RM teure Topmodell kam jedoch zur falschen Zeit – Anfang 1941 musste die Produktion wegen des Krieges bereits wieder eingestellt werden, nachdem nur 233 Limousinen, 118 zweitürige Cabriolets, 40 viertürige Cabriolets und 19 Fahrgestelle ausgeliefert worden waren. Der 335 war zweifellos – neben dem 328 – der fortschrittlichste Wagen des Hauses. Das rettete ihn nicht davor, in Vergessenheit zu geraten.

Natürlich entwickelten auch die Münchner 1937 einen Geländewagen für den Militärbetrieb, der die Bezeichnung »**325**« trug und mit seinem Allradantrieb, der Vierradlenkung, dem Fünfganggetriebe und der Einzelradauf-

Vorhergehende Doppelseite:
Die Coupé- und Cabriolet-Varianten des BMW 327 waren von Oktober 1938 an auch mit dem 80 PS starken Sechszylinder des 328 zu haben. Von dem »327/328« wurden 569 Fahrzeuge zum Preis von 8.100 RM (Coupé) und 8.130 RM (Cabriolet) gebaut.

hängung an allen vier Rädern ein besonderes Meisterstück wurde. Hier leistete der 1.971 ccm große Reihen-Sechszylinder glatte 50 PS, die den 1.750 Kilogramm schweren Kübelwagen auf immerhin 80 km/h beschleunigten. 3.225 Exemplare sollten bis 1940 gebaut werden.

Der Krieg sorgte schließlich dafür, dass man die Produktion der R75 1942 nach Eisenach verlagerte, wo die Automobilproduktion 1941 nach 81.228 BMW-Automobilen (seit 1929) – wie auch die Herstellung der anderen Motorradmodelle – zunächst eingestellt wurde. Von nun an hatten sich die Bayerischen Motoren Werke bis zum Kriegsende nur noch um Flugzeugtriebwerke zu kümmern.

So freuen sich Sieger: Schorsch Meier nach seiner unvergessenen Siegesfahrt bei der TT 1939.

BMW-Flugmotoren erobern die Welt

1930 bis 1944

Natürlich war Franz Josef Popp mit den Erfolgen seiner BMW-Motorräder – und später auch der BMW-Automobile – zufrieden, aber eigentlich hatte sich sein Unternehmen ja mit Flugmotoren einen großen Namen gemacht. Als die Alliierten 1926 ihre Produktionsauflagen lockerten, begannen die Münchner wieder damit, sich auch intensiv um diese Geschäftssparte zu kümmern. Wobei es nicht ganz korrekt ist zu behaupten, dass sie nun »wieder begannen« – denn man hatte in Milbertshofen nie wirklich aufgehört, sich mit diesem Thema zu beschäftigen. So hatte Franz Josef Popp schon 1928 die Lizenzen für zwei luftgekühlte Sternmotoren von der amerikanischen Firma Pratt & Whitney erworben, um sich langsam von der Produktion der eigenen wassergekühlten Reihenmotoren verabschieden zu können.

Die 30er Jahre waren zweifellos die große Zeit der Rekordflüge. So überquerte Wolfgang von Gronau 1930 in einem mit BMW motorisierten offenen Flugboot Dornier Wal erstmals den Nordatlantik in 44 Stunden von

Der Dornier »Wal« besaß zwei BMW-VI-Motoren, mit denen Wolfgang von Gronau die Welt umrundete.

Als Fliegen noch ein Abenteuer war: Wolfgang von Gronau bekam 1930 den einzigen existierenden BMW-VI-Flugmotor – und überquerte mit ihm im August 1930 den Atlantik.

Ost nach West. Und auch in der Heinkel 70 »Blitz«, die 1933 als erstes europäisches Verkehrsflugzeug die 300-km/h-Barriere durchbrach, kamen BMW-Triebwerke zum Einsatz. Es handelte sich hier aber noch um Weiterentwicklungen der wassergekühlten Reihentriebwerke des Typs BMW »VI«.

Popp hatte die kompakten Sternmotoren, die bereits Mitte der 20er Jahre in den USA in Mode gekommen waren, gewählt, weil sie durch ihre platzsparenden Abmessungen den stets nach Raum- und Gewichtsverringerung suchenden Ingenieuren besser ins technische Konzept passten. Das kleinere der beiden Triebwerke mit der Bezeichnung »Wasp« wurde zunächst fertig montiert aus den USA geliefert, während der 525 PS starke »Hornet«-Motor in Milbertshofen gebaut wurde. Beide Flugmotoren dienten dem Hause BMW als Basis für Eigenentwicklungen. So wurde aus dem bis 1934 gebauten Hornet-Triebwerk der BMW »132«-Sternmotor, der in immer neuen Varianten mit den Bezeichnungen A bis N bis zum Jahre 1945 produziert werden sollte. Dieser Motor schrieb – nicht zuletzt durch seinen Einsatz in der legendären JU 52 – Fluggeschichte. Zuverlässig, unglaublich belastbar und praktisch unzerstörbar flogen diese Maschinen um die ganze Welt. So richtete die Lufthansa-Tochtergesellschaft »Eurasia« eine 10.000 Kilometer lange Ostasienstrecke nach Tokio ein, und Ende der 30er Jahre besaßen mehr als 40 Fluggesellschaften Maschinen dieses Typs. Selbst heute noch ist zuweilen eine der wenigen überlebenden JU 52-Maschinen an unserem Himmel zu sehen – das letzte Überbleibsel einer aufregenden Zeit, in der die Distanzen fast monatlich schrumpften und die Welt innerhalb weniger Jahre zum Greifen nahe kam.

Der 525 PS starke »Hornet«-Motor wurde in Lizenz der Firma Pratt & Whitney in Milbertshofen gebaut.

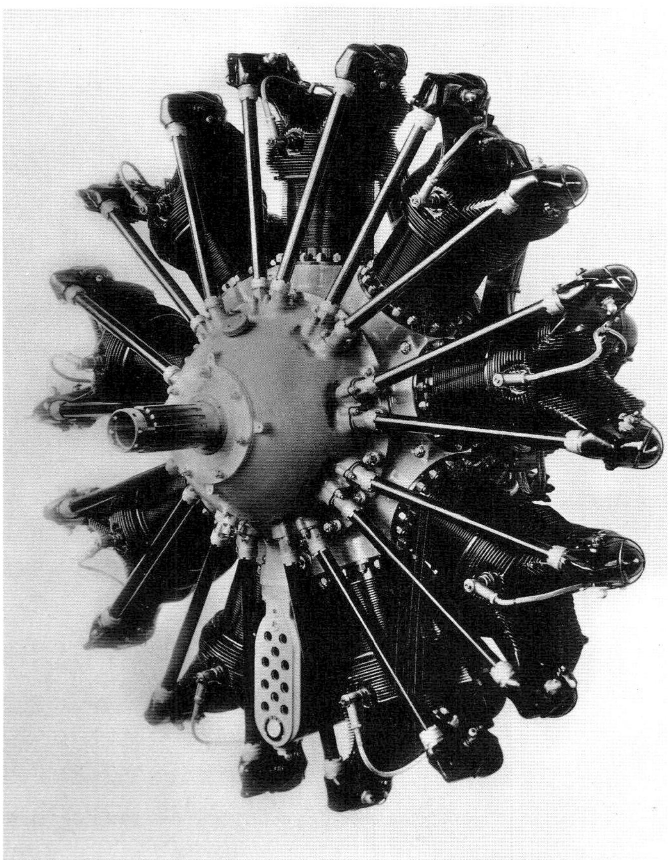

Besaßen die BMW-132-Versionen A bis E noch 650 PS, so leisteten die G- und L-Varianten bereits 720 PS, während der H-Motor glatte 1.000 PS ablieferte. Für die Einsätze in großen Flughöhen gab es einen speziellen Höhenmotor mit der Bezeichnung 132 D, der in 3.000 Meter Flughöhe immer noch 800 PS bereitstellte – und damit 1935 zu den ersten Flügen über die Anden und zwei Jahre später zum Überflug des 5.400 Meter hohen Pamir beitrug. Natürlich hatten die Ingenieure den Ehrgeiz, immer mehr Leistung aus dem Triebwerk herauszuholen. 1937 präsentierten sie bei einem Flugtag in Zürich sogar eine 1.450 PS starke Version des bereits zum Klassiker gewordenen Triebwerks. Dass die Techniker in Milbertshofen aber auch unter der Bezeichnung BMW »114« an einer Diesel-Variante arbeiteten, wissen nur die wenigsten. Dass aus diesem Motor nichts wurde, war den Militärs zu verdanken, die sich eine solche Version nicht vorstellen mochten.

Aber auch der Wasp-Motor erfuhr Verbesserungen und führte zu Eigenentwicklungen wie beispielsweise den 1930 eingeführten etwa 60 PS starken »X« und »Xa«-Triebwerken, die in Sportflugzeugen zum Einsatz kamen. Es war eine Zeit, in der die gesamte Weltöffentlichkeit flugverrückt war – und die Rekordflüge einer Elly Beinhorn oder immer kürzer werdende Distanzen bejubelte: 1938 benötigten die Linienflugzeuge für die 13.335 Kilometer von Berlin nach Tokio nur noch 46,5 Stunden, während der Flugplan für den ersten 6.400 Kilometer langen Nonstop-Linienflug von Berlin nach New York 24,5 Stunden Flugzeit verzeichnete und der Flug ins 3.100 Kilometer entfernte Kairo mit zehn Stunden angegeben wurde.

Die Junkers JU 52 schrieb – zusammen mit ihren BMW-Triebwerken – von den 30ern bis in die 50er Jahre Flugzeuggeschichte, selbst heute noch ist sie zuweilen am Himmel zu sehen.

Viele der führenden Luftwaffen-Offiziere des Dritten Reichs kannten ja noch die Qualität der Flugmotoren der Münchner Firma aus ihren eigenen Einsätzen während des Ersten Weltkriegs. Daher wundert es nicht weiter, dass die neuen Machthaber BMW von 1933 an zum Zulieferer für die Rüstung und zum Spezialisten für Flugmotoren für die neu entstehende Luftwaffe ernannten. Im Zuge dieser Umstellungen wurde auch 1934 der Produktionszweig Flugantriebe als »BMW Flugmotorenbau GmbH« innerhalb der BMW AG verselbstständigt. So bekam Franz Josef Popp das Reichsluftfahrtministerium mit ins Boot – und konnte andererseits die Gelder, die das Reich für die Entwicklung neuer Triebwerke bereitstellte, mit in Automobil- und Motorradabteilungen einfließen lassen, was entscheidend dazu beitrug, dass dieser Teil des Unternehmens letztlich in die schwarzen Zahlen kam. Damit blieb der Bau der Autos und der Motorräder fest in der Hand der BMW AG – und die Automobilproduktion frei von staatlichen Einflüssen.

Max Friz ließ für die immer populärer werdenden Sportflugzeuge kleinere Motoren wie den Fünfzylinder BMW »Xa« entwickeln, die etwas mehr als 50 PS leisteten.

Die neue Lösung hatte aber auch den Vorteil, dass sich Franz Josef Popp noch in den ersten Jahren mit den kleinen Motoren für die Sportflugzeuge und dem BMW-132-Triebwerk für Verkehrsmaschinen wie beispielsweise der JU 52 parallel zu den Rüstungsaufträgen ein ziviles Standbein aufbauen konnte. Doch Mitte der 30er Jahre wurde der Ruf nach stärkeren Motoren für Militärmaschinen immer lauter. Die Antwort auf diese Wünsche trug die

Diese Aufnahme entstand etwa 1935. Sie zeigt Mechaniker bei der Wartung eines 132 A-Flugmotors, der in der JU 52 zum Einsatz kam.

Bezeichnung BMW »801« – ein Doppelsternmotor mit – je nach Ausführung – 41,1 oder 41,8 Litern Hubraum und 1.700 bis 1.750 PS Leistung, der von 1940 bis 1945 in nicht weniger als 30.000 Exemplaren gebaut wurde.

Klar, dass das Stammwerk für diese Produktionsziffern zu klein wurde. Deshalb entstanden von 1936 an mit Finanzmitteln des Staates in Allach bei München und in Dürrerhof bei Eisenach zwei neue Produktionsstätten, die durch ihre Lage in großen Wäldern ein Optimum an Tarnung bieten sollten. Zu diesen so genannten »Schattenfabriken« kam dann 1939 noch ein Werk in Berlin-Spandau, das zuvor den »Brandenburgischen Motorenwerken«, einer ehemaligen Siemens-Tochtergesellschaft gehört hatte.

Der stete Ruf nach immer mehr Leistung führte in den letzten Kriegsjahren noch zu der Entwicklung des BMW »803«, des größten jemals gebauten Hubkolbenflugmotors, der seine 4.000 Pferdestärken aus 28 Zylindern und 85 Litern Hubraum bezog. Der Motor, der zwei gegenläufig arbeitende Propeller antrieb, war für den militärischen Einsatz in Langstreckenbombern und für den zivilen Einsatz in projektierten, mehrstöckigen interkontinentalen Reisemaschinen gedacht – doch das Ende des Krieges bedeutete auch das Ende dieser aufwändigen und komplexen Motoren.

Parallel zu der Konstruktion dieser gigantischen Hubkolbentriebwerke hatte man sich bei BMW mit der Entwicklung eines völlig neuartigen Typs von Flugzeugmotoren auseinander gesetzt. Die Grundüberlegungen dafür basierten auf der Erkenntnis, dass es für Hubkolbenmotoren und Propellerantriebe physikalische Grenzen gab und dass Geschwindigkeiten im Schallbereich unmöglich waren. Die Münchner hatten bereits 1935 damit begonnen, sich mit Gasturbinen zu beschäftigen und so ein fundiertes Basiswissen aufgebaut, das 1939 zu dem konkreten Auftrag des Reichsluftfahrtministeriums führte, ein Strahltriebwerk für das Jagdflugzeug Messerschmitt ME 262 zu entwickeln. Doch die Arbeiten gingen nur stockend voran – noch fehlte zu viel Detailwissen für diese völlig neuartige Triebwerksform. Erst nach vielen Überarbeitungen lieferte das Modell »109-003« die nötige Leistung und Standfestigkeit, und so wurde es im Oktober 1943 zum Jungfernflug unter eine JU 88 montiert. Bis zum August 1944 waren bereits hundert Triebwerke gebaut und in 50-Stunden-Dauerläufen erprobt. Zur eigentlichen Flugerprobung kam das BMW-Strahltriebwerk 003 dann in Flugzeugen der Typen JU 88, He 219 und Arado 234, wobei ein Arado-234-Fernaufklärer im September 1944 eine Flughöhe von 13.000 Metern erreichte.

In den letzten Kriegsmonaten wurden dann die ersten Jagdflugzeuge des Typs Me 262 mit zwei BMW-003-Triebwerken ausgeliefert. Das neue Wunderflugzeug kam jedoch zu spät und existierte auch in zu geringen Stückzahlen, um noch die von der politischen Führung gewünschte und erhoffte Wende bringen zu können. Technisch gesehen waren die neuartigen Strahltriebwerke ihrer Zeit um Jahre voraus, deshalb betrachteten die Amerikaner, Franzosen und Russen die erbeuteten Flugzeuge und deren Triebwerke sehr aufmerksam – und benutzten die bei BMW entwickelte Technologie für ihre eigenen Konstruktionen.

Als BMW 1939 die Brandenburgischen Motorenwerke übernahm, brachten diese auch die »Raketenwerke Zühlsdorf und Basdorf« in der märkischen Heide mit in die Fusion ein. Das Unternehmen war auf Wunsch des Reichsluftfahrtministeriums an der Entwicklung der Raketentechnik

Am 26. August 1930 wasserte Wolfgang von Gronau mit seinem Dornier Wal mit zwei BMW-Triebwerken im Hafen von New York.

mitbeteiligt und begann 1939 auch mit der Arbeit an Raketen auf Salpetersäure-Basis. Als die Raketenprüfstände gegen 1944 aus den Werken in der märkischen Heide nach Allach verlegt wurden, waren die Alliierten – die natürlich durch ihre Geheimdienste hervorragend informiert waren – endgültig davon überzeugt, dass BMW einen reinen Rüstungsbetrieb mit einer angehängten Automobilmanufaktur (die zudem seit 1941 eingestellt war) darstellte. Es kam, wie es kommen musste: Die Werke und Produktionsstätten wurden von den Bombern besonders kräftig unter Beschuss genommen. Die BMW AG, die nach dem Willen von Franz Josef Popp eigentlich nur Motorräder, Automobile und Flugmotoren bauen wollte, lag am Ende des Krieges völlig am Boden.

Die Messerschmitt Me 262 verfügte über zwei BMW-Strahltriebwerke des Typs 109-003.

Der Wiederaufbau

BMW setzt auf Luxus, Kleinwagen und Motorräder *1945 bis 1959*

Am Ende des Zweiten Weltkrieges war BMW dem Untergang nahe. Vier der sieben Werke lagen in der sowjetischen Besatzungszone und damit außerhalb jeder Zugriffsmöglichkeit. In Eisenach sollte übrigens das Werk auf Anordnung von Marschall Schukow, dem Chef der sowjetischen Militäradministration, in eine russische Aktiengesellschaft mit dem Namen »Awtowelo« umgewandelt werden, in dem die BMW-Motorräder und das BMW-327-Cabriolet weitergebaut wurden. Nachdem alle Fahrzeuge der ersten Nachkriegsjahre in die UdSSR exportiert wurden, begann das Werk gegen Ende der 40er Jahre mit dem Export in den Westen. Als die ersten Fahrzeuge mit dem BMW-Emblem in Westdeutschland auftauchten, kam es aber zu einem Prozess, in dem den Eisenachern die Benutzung des weiß-blauen Logos und des Namens verboten wurde. Daraufhin taufte die Führung die Firma in Eisenacher-Motoren-Werke oder »EMW« um – um dann nach der Verstaatlichung im Jahre 1952 in »Wartburg« umbenannt zu werden.

Wie praktisch alle deutschen Unternehmen hatte auch BMW am Ende des Krieges keine Produktionsstätten mehr – die Bomben hatten alles zerstört.

Die drei verbliebenen Werke in München, Allach und Berlin-Spandau sahen ebenfalls trostlos aus. Kurt Donath, der seit 1942 als Betriebsdirektor im Werk Milbertshofen tätig war, fasste in einer ersten Bestandsaufnahme zusammen: Etwa die Hälfte aller Gebäude und Hallen, aller Werkseinrichtungen, aller genau aufeinander abgestimmten Anlagen, die das 300.000 Quadratmeter umfassende Gelände bedeckten, waren zerstört. Donath, der bei Kriegsende die

Trotz aller Proteste der deutschen Politiker musste BMW nach dem Krieg Reparationszahlungen leisten. Diese Kisten mit Maschinen wurden nach Griechenland verschifft.

vom Gauleiter angeordnete Zerstörung der Werkstätten unterbunden hatte und alle Übergriffe der bei BMW tätigen Fremdarbeiter verhindern konnte, wusste um die Gefahr, die den mühsam geretteten Überresten drohte: Was so zerstört war, konnte auch gleich dem Erdboden gleich gemacht werden.

Also mussten die wenigen verbliebenen Maschinen eingesetzt werden, damit die Alliierten dem Werk eine Überlebenschance gaben. Und Donath, der von den Alliierten als Geschäftsführer eingesetzt wurde, fand die Marktlücke: Hatte er nicht hervorragende Mechaniker und Monteure, die sich um die Fahrzeuge der Sieger kümmern konnten? So wurde am 21. Juni 1945 eine amtliche Arbeitserlaubnis für Autoreparaturen erlassen, und Donath begann mit 60 Facharbeitern damit, das Areal wieder mit Leben zu erfüllen.

Doch am 1. Oktober 1945 kam ein großer Rückschlag – Oberstleutnant Eugene Keller jr., der stellvertretende Standortkommandeur, schrieb an den Oberbürgermeister der Stadt München: »1) Sie werden angewiesen, sofort mit der Schleifung der im Stadtkreis München gelegenen BMW-Fabriken 1 und 2 zu beginnen. 2) Sie werden ferner angewiesen, die ganze Werksanlage in Lattenverschlägen zur Verschiffung zu verpacken. Ein detailliertes Inventar ist von jedem Lattenverschlag anzufertigen und ein Durchschlag davon innerhalb jedes einzelnen Kistenverschlages anzubringen.« Dieser klare Befehl sorgte dafür, dass bis Anfang April 1948 nicht weniger als 12.000 Maschinen aus den BMW-Beständen in alle Welt geliefert wurden – was übrig blieb, taugte nur noch zur Herstellung von Kochtöpfen, Fahrrädern, Teigmaschinen und Ackergeräten.

Ludwig Erhard, der spätere deutsche Wirtschaftsminister und Bundeskanzler, machte in seiner damaligen Eigenschaft als bayerischer Wirtschaftsminister die Alliierten darauf aufmerksam, dass »BMW keineswegs als typischer Rüstungsbetrieb angesehen werden kann, dem man seine Maschinen vollständig wegnehmen müsste, um den Aufbau eines Kriegspotenzials zu unterbinden. BMW war und bleibt ein bedeutender Faktor der bayerischen Wirtschaft in Friedenszeiten, und es ist deshalb notwendig, dass zumindestens Teile des Werkes erhalten bleiben.« Erhard fügte in seinem Brief an den Obersten Kontrollrat der Alliierten hinzu, dass man bei BMW wieder die Fertigung von Fahrrädern und Motorrädern aufnehmen wolle und dass man dafür etwa 900 Werkzeugmaschinen bräuchte – was letztlich der Größe entspreche, mit der man 1928 gearbeitet habe.

Doch alle Briefe nützten nichts: Die 1.000 Mitarbeiter des Werks in Milbertshofen verbrachten Monate damit, ihre Werksanlagen in Lattenverschläge zu verpacken. Die Sieger sorgten wegen des Flugmotoren- und Raketenbaus zudem noch für ein dreijähriges Fertigungsverbot, das erst 1948 wieder den Bau von Motorrädern zuließ.

Da das Werk in Allach nicht ganz so stark wie das Werk in Milbertshofen zerstört worden war, wurde dort der damals größte Reparaturbetrieb des Kontinents eingerichtet. Bis Ende 1949 arbeiteten dort nicht weniger als 6.500 Arbeiter an der Instandsetzung der zumeist amerikanischen Lastwagen, die nach ihrem Aufenthalt bei den routinierten Mechanikern ein kleines BMW-Schild an die Motoren geschraubt bekamen.

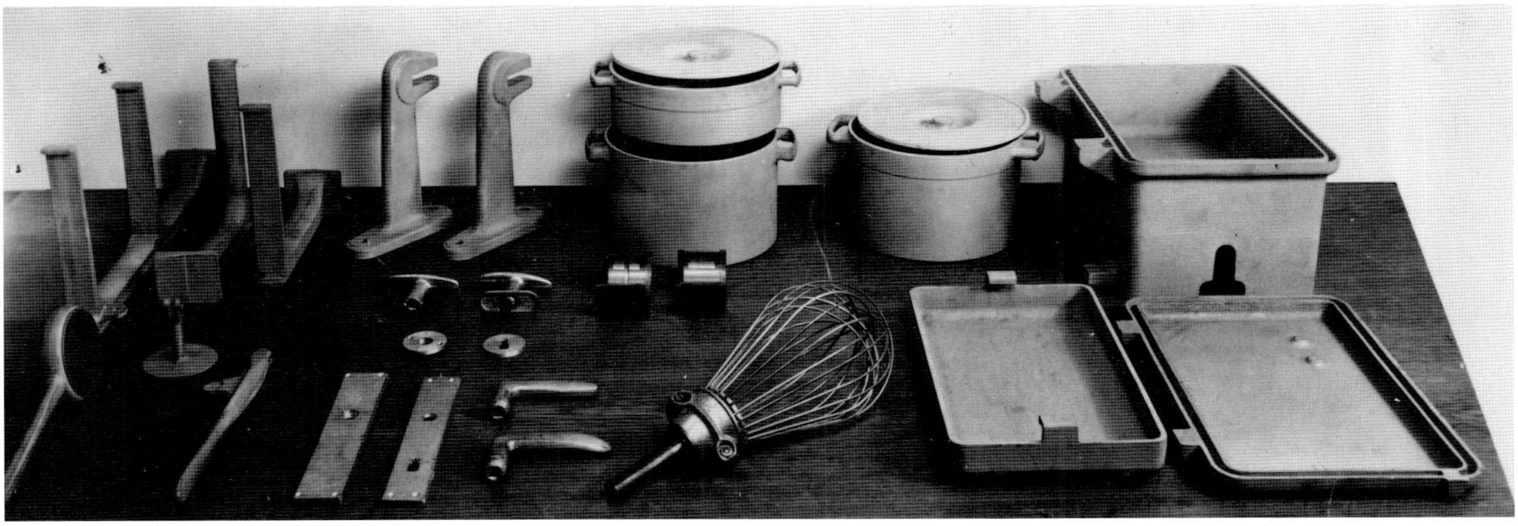

Die ersten Produkte, die BMW nach dem Krieg herstellte, waren Töpfe, Türbeschläge und Backbleche aus Aluminium.

Im Sommer 1947 begannen die Münchner mit der Konstruktion eines neuen Motorrads, mit dem man im Jahr darauf wieder in den Markt zurückkehren wollte. Doch die Aufgabe war nicht einfach, denn alle Motorradfertigungsanlagen waren 1941 nach Eisenach ausgelagert worden und standen natürlich nicht mehr zur Verfügung. So machten sich die zuständigen Ingenieure erst einmal bei den ehemaligen Händlern auf die Suche nach Ersatzteilen, aus denen dann die ersten Exemplare der BMW

Eigentlich hat sich in der Werbung nicht viel geändert: Bereits zu Anfang der 50er Jahre machte der amerikanische BMW-Importeur Max Hoffman auch schon mit Bikini-Schönheiten auf die neu produzierten Motorräder aufmerksam.

»R 24« montiert wurden, die im März 1948 auf dem Autosalon in Genf Premiere feierten. Dass im Motor ein Großteil der mechanischen Teile fehlte, konnte natürlich keiner der Betrachter erkennen, aber der Zweck der Reise in die Schweiz war mit dem Auftritt erfüllt: Die Ausländer wussten nun, dass BMW wieder in den Startlöchern stand.

Zwei Monate später stand das Motorrad – bei diesem Exemplar fehlten nur noch die Kurbelwelle und die Zahnräder im Getriebe – auf der Exportmesse in Hannover, und als die BMW-Delegation nach München zurückkehrte, hatte sie 2.500 Vorbestellungen in der Tasche. In das Fahrgestell der früheren R 23 hatten die Techniker einen überarbeiteten Einzylinder mit 250 ccm Hubraum gesteckt (die Alliierten hatten den Deutschen nur einen Hubraum von maximal 350 ccm gestattet), der über eine Leistung von 12 PS verfügte, die nun über ein neues Vierganggetriebe an die Hinterachse gebracht wurde. Als die Händler im Dezember 1948 die ersten Exemplare auslieferten, begannen für BMW wieder bessere Zeiten: 1949 konnten knapp 10.000 Exemplare und 1950 bereits 17.000 Maschinen gebaut werden. 1950 war auch das Jahr, in dem die Münchner mit der »R 51/2« wieder ein zweizylindriges Motorrad nach dem Boxerprinzip herausbrachten. Mit nunmehr 500 ccm Hubraum und 24 PS bot diese klassische Konstruktion schon ein beachtliches Temperament, das – zusammen mit den allseits bekannten Fahrwerksqualitäten und der nahezu legendären Zuverlässigkeit – die Auftragsbücher füllte. Dass diese Qualitäten nicht nur in Deutschland, sondern auch im Ausland ankamen, bewiesen die stetig steigenden Exportzahlen. Schon 1950 gingen 18 Prozent aller Motorräder ins Ausland.

Im September 1950 brachten die Bayern die R 25 auf den Markt, die sich hauptsächlich durch die Hinterradfederung von der seit 1948 gebauten R 24 unterschied. Zum Preis von 1.750 Mark wurden 23.400 Exemplare verkauft.

In diesem Jahr trat auch wieder einmal die Mercedes-Benz AG mit Kaufabsichten an BMW heran, denn die Stuttgarter hätten die Werksanlagen gerne besessen, um dort den »Unimog« zu bauen. Doch der anhaltende Erfolg mit den Motorrädern und auch erste Überlegungen, wieder in das Automobilgeschäft einzusteigen, sorgten dafür, dass es nur bei einem Stuttgarter Angebot und einer freundlichen Münchner Absage blieb.

Anfang der 50er Jahre sorgte die Produktion der R 51/2 für reichlich Arbeitsplätze im Werk München.

Natürlich konnte sich das BMW-Management auch daran erinnern, dass der Ruhm des Hauses nicht zuletzt auf den großen Erfolgen im Motorsport beruhte. Die Maschinen mit dem weiß-blauen Emblem traten bereits am 27. Oktober 1946 beim »Großen Preis von Bayern« wieder an, der auf einer drei Kilometer langen Strecke durch die Münchner Innenstadt führte. Nicht

Im Jahre 1955 bekamen die Zweizylinder-Motorräder ein völlig überarbeitetes Fahrwerk und die Bezeichnung »R 50« – der Preis dafür: 3.050 Mark, ohne den damals hoch begehrten Beiwagen.

weniger als 60.000 Zuschauer sahen in der 50er-Klasse den Sieg Georg Eberleins auf einer R 51S aus dem Jahre 1939.
Im Jahr darauf siegte dann wieder Schorsch Meier, der sich mit vier weiteren Siegen auch den ersten Nachkriegstitel holte, mit seiner Kompressor-BMW.

Von 1950 an traten die Werksfahrer wieder mit neuen Maschinen an, doch die deutschen Motorradfahrer waren nach dem Krieg bis 1953/54 von internationalen Motorsportwettbewerben ausgeschlossen – zudem gab es bei internationalen Wettbewerben ab 1950/51 ein Kompressorverbot. Mit Ende der Saison 1953 hatte BMW aber aus Kostengründen offiziell sein Werksteam aufgelöst. Inoffizielle Unterstützung erhielten das Team Noll/Cron und Walter Zeller, der als Fabrikantensohn sein Engagement selbst finanzieren konnte. Um auch weiterhin in Wettbewerben präsent zu sein,wurde eine Sonderserie von 24 besonders präparierten Maschinen gefertigt, die mit 45 PS Leistung und 130 Kilogramm Gewicht in den Händen talentierter Fahrer einen Titel nach dem anderen holten.
In unserer heutigen Erinnerung verblassen die vielen Pokale der Rennfahrer aber neben der mehr als 20-jährigen Erfolgsstory der Seitenwagen-Gespanne, die 1954 mit dem Weltmeistertitel von Wilhelm Noll und Fritz

Cron ihren Anfang nahm. Bei den immer flacher werdenden Gespannen, die mit ihrer Vollverkleidung und den artistisch turnenden Beifahrern zu den Lieblingen der Zuschauer avancierten, bot der flach bauende Boxermotor die perfekte Basis für den alljährlich wiederkehrenden WM-Titel.
Die Erfahrungen, die BMW im Rennbetrieb gesammelt hatte, kamen von 1955 an auch der breiten Öffentlichkeit zugute: Die neue »R 50« mit 494 ccm Hubraum und 26 PS Leistung verfügte bereits wie die 1956 erschienene »R 60« mit 594 ccm Hubraum und 28 PS Leistung über einen Vollschwingrahmen, der neben einer modernen Hinterradschwinge auch

über eine neue Vordergabel mit geschobener Schwinge verfügte. Diese neue Motorradgeneration sollte nicht weniger als 14 Jahre in der Produktion bleiben – und weltweit für den guten Ruf des Hauses sorgen.
Das Wirtschaftswunder der 50er Jahre trug nicht nur zu gefüllten Lebensmittelläden und Lust auf Reisen nach Italien – wo die rote Sonne bei Capri so unvergleichlich im Meer versank – bei. Es sorgte auch dafür, dass die Deutschen wieder anfingen, ihren Spaß am Automobil zu haben, und dies

Auf der Autoausstellung in Frankfurt stand der BMW 501 noch etwas einsam herum. Ein Jahr später sollte der etwa 15.000 Mark teure Luxuswagen dann endlich ausgeliefert werden.

Hier entsteigt Bundeskanzler Konrad Adenauer einer Sondervariante des 502. BMW wäre mit dieser Staatskarosse gerne in die Bonner Domäne von Mercedes-Benz eingebrochen.

Die mächtigen 502-Achtzylinder wurden auch oft von Brandmeistern großer Feuerwehren eingesetzt. Dieses perfekt restaurierte Exemplar gehört der BMW-Sammlung für historische Fahrzeuge.

unabhängig davon, ob sie viel oder wenig Geld hatten. Zwar trug sich BMW schon gegen Ende 1949 mit dem Gedanken, unter der Typbezeichnung »331« einen agilen Kleinwagen mit einem 600-ccm-Motorradtriebwerk auf den Markt zu bringen, doch noch war man sich nicht sicher, ob dies der richtige Weg war.

Parallel zu den Überlegungen, einen Kleinwagen auf die Räder zu stellen, gab es aber auch konkrete Pläne, eine Limousine mit einem 2-Liter-Sechszylinder zu bauen. Schließlich hatten die Münchner mit ihren letzten Vorkriegsmodellen eine eher noble Kundschaft bedient, die an die leistungsstarken und komfortablen Sechszylinder gewöhnt war. Daher konzentrierte man sich auf die Konstruktion einer eher größeren, repräsentativen Limousine, von der bereits im Mai 1950 ein erster Entwurf an das Licht der Öffentlichkeit gelangte. Es sollte bis zum Herbst 1951 dauern, bis der mittlerweile **»501«** getaufte Wagen auf der IAA in Frankfurt Premiere feierte. Wer sich das neue Modell näher betrachtete, entdeckte manches Detail aus einer nur zehn Jahre zurückliegenden Vergangenheit: So beruhte der 2-Liter-Sechszylinder auf dem Motor des BMW 326, und der schwere Rahmen entsprach mit der aufgesetzten Karosserie auch einer eher vergangenen Epoche.

Aber noch waren der IAA-Prototyp nicht serienreif und die Karosseriepressen nicht einsatzbereit. Es sollte nochmals ein Jahr dauern, bis die Stuttgarter Karosseriefirma Baur die ersten 2.000 Karosserien nach München liefern konnte, von wo aus im Dezember 1952 endlich die ersten 49 Fahrzeuge an die bereits sehnsüchtig wartenden Kunden verteilt wurden. Im Jahr darauf wurden 1.645 Einheiten montiert – doch den Verantwortlichen war schon lange klar geworden, dass der 1.340 Kilogramm schwere 501 mehr als die 72 zur Verfügung stehenden PS benötigte, um die »Köpfe« des Wirtschaftswunders weg von dem neu entstandenen Mercedes-Benz 300 in die BMW-Niederlassungen zu locken.

Alle Beteiligten wussten, dass der nicht sehr temperamentvolle und dennoch teure 501 – für den etwa 15.000 Mark bezahlt werden mussten – einen stärkeren Motor benötigte, der in den Jahren von 1949 bis 1954 zur Serienreife entwickelt wurde. Der 2,6-Liter-Motor war nicht nur der erste

deutsche Achtzylinder-V-Motor der Nachkriegszeit, sondern er bot auch das erste Triebwerk aus Leichtmetall. Mit den 100 PS, die der **»502«** nun besaß, konnte eine Höchstgeschwindigkeit von 162 km/h erreicht werden – Temperament war also genug vorhanden. Dass der Preis mit 16.450 Mark zudem noch knapp 4.000 Mark unter dem des 300er-Mercedes lag, machte das bayerische Angebot nur attraktiver.

Selbstverständlich gab es von diesem Traumauto der 50er Jahre auch in geringsten Stückzahlen noch Coupé- und Cabriolet-Varianten – die heute praktisch unbezahlbar sind. Aber mit dem **»503«** und **»507«** gelangen BMW noch zwei weitere Steigerungen, die zu den schönsten Fahrzeugen der 50er Jahre überhaupt gehören – und von 1955 bis 1959 nur in homöopathischen Dosen entstehen sollten.

Der 507 entstand nicht zuletzt deswegen, weil die Stuttgarter Konkurrenz mit dem »300 SL« einen exotischen Traumwagen geschaffen hatte, der sich vor allem auf dem finanzkräftigen US-Markt hervorragend zu verkaufen schien. Als Max Hoffman, der ehemalige Mercedes-Benz-Importeur (der von Jaguar über Mercedes, Porsche und Facel-Vega alle teuren Marken in

Der BMW 507 ist eine der Ikonen der 50er Jahre – das Meisterwerk des Designers Albrecht Graf Goertz entstand in nur 252 Exemplaren. Dies ist einer der raren Fälle, bei dem die Realität der Schönheit der Zeichnung gerecht wird.

Vorhergehende Doppelseite: Der 507 trug maßgeblich zum sportlichen Image von BMW bei.

die USA brachte), den Vertrieb von BMW übernahm, forderte er ein BMW-Pendant zum 300 SL. Für die rassige Form zeichnete der deutsche Designer Albrecht Graf Goertz verantwortlich, dem der zweisitzige 507-Roadster, von dem es auch ein paar Modelle mit Hardtop gab, besonders glückte. Ganze 252 Exemplare entstanden von diesem Typ, der mit seinem Einstandspreis von 26.500 Mark (für das Hardtop, das den Namen Coupé-Aufsatz trug, mussten 1.500 Mark mehr bezahlt werden) nur für wenige erschwinglich war. Um die Fahrleistungen der sensationellen Form anzupassen, wurde natürlich auch der Motor überarbeitet, der in der US-Version 165 PS (und in Deutschland 150 PS) leistete und damit bis zu 220 km/h Höchstgeschwindigkeit erreichte, was auch einen gewissen Elvis Presley derart begeisterte, dass er während seiner Militärzeit in Deutschland in einem 507 herumfuhr.

Es gibt aus dieser Zeit nur wenige Fahrberichte des BMW 507. Einer von ihnen erschien in der Frühjahrsausgabe der »Motor-Revue« im Jahr 1957.

Der BMW 503 – der als Coupé und Cabriolet gebaut wurde – stammte ebenfalls aus der Feder von Graf Goertz, doch die hohen Preise ließen nur kleinste Stückzahlen zu.

Chefredakteur Hans Ulrich Wieselmann beschrieb den Roadster als »formal gänzlich ungewöhnlich, unteutonisch. Er war – und ist – in seinem Äußeren von einem geradezu herausfordernden *sport appeal*, exakt aussehend wie die Vorstellung von etwas ganz Schnellem, dabei, nicht ohne Absicht von seinem Styler, dem Grafen Görz (Wieselmann schrieb den Grafen in dieser Form), betont, sexy und selbstbewusst in seiner knappen, enganliegenden Haut.« Der insgesamt vier Seiten lange Fahrbericht beschreibt etliche tief in die Technik gehende Details und kommt letztlich zu dem Fazit: »Vom Fahreindruck her ist der BMW 507 ein durchaus positives Auto, das hohe Dauergeschwindigkeiten auf der Autobahn mit ebensolcher Leichtigkeit und Schnelligkeit zulässt wie schnelle Fahrt auf kurviger Landstraße. Auch in nassen Kurven benahm sich der Wagen tadellos und von Grund auf gutmütig, und wenn ich auch die Tellerrad-Lenkung nicht unbedingt für die Ultima ratio in bezug auf angenehmes Fahren halte, so ist ja doch dieser Gesamteindruck ebenso wie der der Fahrsicherheit aus den verschiedensten Komponenten zusammengesetzt, zu denen beispielsweise maßgeblich auch die Bremsen gehören – und da kann sich der Wagen sehen lassen.«

Für den Spurt von Null auf 100 km/h gab das Fachblatt 11,1 Sekunden für den 1.330 Kilogramm schweren Wagen an, was in diesen Jahren in die Kategorie »sehr sportlich« gehörte – die Höchstgeschwindigkeit wurde mit 196,5 km/h ermittelt. Die letzten Worte des Fahrberichts lauteten: »Der BMW 507 als sportlicher Wagen eines seit Jahrzehnten für Qualität und technische Kultur berühmten Hauses ist zweifellos kein Auto, mit dem die Bayerischen Motoren Werke Geld verdienen: er ist vielmehr Repräsentant der traditionell sportlichen, früher wie heute äußerst gediegenen Linie des Hauses. Man sollte seine kleinen Fehler so überarbeiten, dass seine großen Vorzüge noch stärker ins Gewicht fallen.«
Auch das viersitzige 503-Coupé und sein Cabriolet-Pendant stammten aus der Zeichenfeder von Albrecht Graf Goertz (der später mit dem Nissan ZX, der 1969 noch Datsun 240Z hieß, den erfolgreichsten Sportwagen aller Zeiten entwarf). Goertz hatte für diesen eleganten Reisewagen eine eher zurückhaltende Form mit der typischen BMW-Niere an der Front gefunden, doch aller Luxus und alle technische Raffinesse (die Karosserie war aus Aluminium, und das Cabriolet besaß eine hydraulische Verdeckbetätigung) konnten nicht darüber hinwegtäuschen, dass das zuerst 29.500 und später 32.950 Mark teure Modell sich nur mühsam verkaufte. Ganze 273 Coupé- und 139 Cabriokäufer konnten ihre 190 km/h schnellen Wagen in Empfang nehmen – hinreißende Modelle, die sich zwar Prominenz wie Sonja Ziemann, Dr. Rudolf Oetker oder der Fürst zu Thurn und Taxis in die Garagen stellten, aber den Münchner Produzenten letztlich nur Verluste in der Firmenbilanz bringen sollten.

Von dem BMW-503-Coupé wurden nur 273 Exemplare montiert – von denen sich eines der Fürst zu Thurn und Taxis in die Garagen stellte.

Wer damals Geld hatte, träumte auch von einem 503 Coupé – doch nur die wenigsten konnten sich dieses Geschöpf für 29.500 Mark leisten.

Finanziell waren die großen Sechs- und Achtzylinder, von denen knapp 24.000 Exemplare gebaut wurden, nie ein Erfolg – doch sie trugen mit ihrer Solidität, ihrer Eleganz und dem Mythos des ersten Achtzylinders der Nachkriegszeit entscheidend dazu bei, dass BMW wieder eine der ersten Adressen der Republik wurde.

Aber das Wirtschaftswunder brachte in den 50er Jahren nicht nur die großen Repräsentationsfahrzeuge für die neuen Reichen, sondern es brachte auch die Kleinwagenwelle, mit denen die Deutschen die ersten großen Reisen in die Sonne bewältigten. Einer der großen Erfolge dieses Marktes war die **»Isetta«**, mit der BMW in die Kleinwagenproduktion einstieg. Der eigentliche Schöpfer dieses zweisitzigen Gefährts mit der originellen, aber nicht unproblematischen Fronttür war die italienische Firma ISO gewesen. BMW hatte sich in Italien die Lizenz und die Werkzeuge für den Bau geholt. Die Produktion begann 1955 – zuerst mit einem 245 ccm großen Ein-

zylindermotor (der aus der Motorradfertigung stammte), der vor dem Hinterrad montiert war und dessen 12 PS für 85 km/h Höchstgeschwindigkeit sorgten. Bis 1962 konnten nicht weniger als 74.312 Exemplare dieses 2.580 Mark teuren Gefährts an den Mann oder die Frau gebracht werden – aber wie so oft rief die Kundschaft nach mehr Leistung, und so wurde 1956 die Isetta »300« auf den Markt gebracht, bei der der auf 298 ccm vergrößerte Einzylinder nun 13 PS ablieferte. Parallel mit der Leistung stieg auch der Preis: 2.886 Mark mussten bezahlt werden, und von dieser Variante wurden sogar 87.416 Stück gebaut.

Zwar bot die ungewöhnliche Form der Isetta ungezählten Karikaturisten Anlass für ihre Zeichnungen, doch war sie für viele Kunden die erste Chance, von einem kalten Motorrad in ein etwas geschützteres Gefährt zu wechseln. Aus diesem Grund entwickelte sich das Gefährt (zusammen mit dem

Die Isetta war eine Lizenzproduktion der italienischen Iso-Werke – und sie passte als Basismotorisierung perfekt in die späten 50er Jahre. Deshalb konnten auch mehr als 160.000 Fahrzeuge zu Preisen von 2.580 Mark an aufwärts verkauft werden.

Goggomobil) zu dem erfolgreichsten Angebot in diesem Marktsegment. Wer etwas mehr Innenraum suchte, konnte von 1957 an zum BMW »600« greifen, einer Münchner Eigenkonstruktion, bei der die Basis der Isetta durch eine zusätzliche Sitzbank in ein viersitziges Fahrzeug umgebaut worden war. Nicht weniger als 34.813 Käufer leisteten sich bis 1959 für 3.985 Mark einen »Sechshunderter«, der von einem 19,5 PS starken Zweizylinder-Boxermotor angetrieben wurde.

Während der 600 (unten) eine Isetta mit einer zusätzlichen Sitzbank war, stellte der neu entwickelte 700 (oben) schon ein richtiges Auto dar. Dieses Fahrzeug sollte die Bayern 1959 vor der Übernahme durch Mercedes-Benz retten.

Die merkwürdige Symbiose des Hauses BMW aus sehr großen und sehr teuren Fahrzeugen und sehr kleinen und vergleichsweise preisgünstigen Fahrzeugen – das zudem auch noch Motorräder im Angebot führte – sorgte zwangsläufig dafür, dass das Image des Unternehmens immer vager wurde. Da man bei jeder Limousine etwa 5.000 Mark »draufzahlte«, die Isetta die Verluste nur teilweise ausgleichen konnte und die Amerikaner zudem noch das Reparaturwerk in Allach schlossen (womit jährlich 14 Millionen Mark Mieteinnahmen entfielen), wurden die Bilanzen immer schlechter. Zu diesem Zeitpunkt meldete sich wieder einmal Mercedes-Benz und machte den Aktionären ein Kaufangebot, das allerdings nur bis zum 31. Dezember 1959 gelten sollte.

Bei der außerordentlichen Hauptversammlung, die die Unternehmensleitung für den 9. Dezember einberief, sollte über das Angebot der Stuttgarter abgestimmt werden. Es gelang jedoch einigen Kleinaktionären in Zusammenarbeit mit BMW-Händlern, die nicht ihre Unabhängigkeit verlieren wollten, nachzuweisen, dass die Geschäftsführung in der Bilanz einen Fehler übersehen hatte: Dort waren sämtliche Entwicklungskosten eines neuen Kleinwagens in einem Jahr abgeschrieben worden. Mit diesen

13,5 Millionen Mark war die Bilanz so tief in die roten Zahlen gerückt worden, dass die meisten Aktionäre bereit waren, ihre vermeintlich wertlosen Anteile nach Stuttgart zu verkaufen. Als einige Aktionärsvertreter diese Manipulation nachweisen konnten und die Geschäftsführung zugeben musste, dass für diesen neuen Typ BMW »**700**« mehr als 30.000 Vorbestellungen vorlagen, änderte sich die Stimmung im Versammlungssaal. Das Kaufangebot von Mercedes-Benz wurde abgelehnt, und BMW blieb ein eigenständiges Unternehmen.

Ein Mann zeigte sich von diesem Einsatz der Aktionäre und der Händler besonders beeindruckt: Herbert Quandt. Quandt, der bereits größere Aktienpakete von BMW besaß, ließ die Bücher und Unterlagen des Unternehmens sorgfältig prüfen – und beschloss dann, einen größeren Teil des BMW-Kapitals zu übernehmen. Durch diesen Schritt sicherte er die Selbstständigkeit von BMW und sorgte zugleich dafür, dass die Münchner auf einer vernünftigen finanziellen Basis neu starten konnten.

Als erstes neues Modell kam noch 1959 der bereits erwähnte 700 auf den Markt, der bis 1962 mit insgesamt 62.141 verkauften Exemplaren für einen guten Geschäftsgang sorgte. Parallel zu der viersitzigen Limousine, die für 4.760 Mark angeboten wurde, hatte der italienische Designer Giovanni Michelotti – der die beiden Fahrzeuge für BMW entworfen hatte – auch an ein hübsches Coupé gedacht, das sich zwischen 1959 und 1964 genau 19.896-mal verkaufen ließ. Auch diese Variante, die für 5.500 Mark bei den Händlern stand, verfügte über den 30 PS starken und 697 ccm großen Zweizylinder-Boxermotor, der im letzten Baujahr des Coupés auf 32 PS erstarkte.

Ob sich die Damen – wie bei dieser Werbung gewünscht – tatsächlich besonders vom BMW 700 angesprochen fühlten, bleibt fraglich. Anfang der 60er Jahre war der Kauf eines Autos doch eher noch Männersache.

Ein Jahr später kam der »700 Sport« auf den Markt, der mit seinen zwei Solex-Vergasern nun 40 PS ablieferte und als Basisfahrzeug für den Motorsport diente, wo sich das wendige kleine Coupé hervorragend schlug. Wiederum ein Jahr später erschien diese Variante auch als elegantes

Der BMW 700 LS Luxus war von 1962 bis 1965 im Angebot. 92.416 Stück konnten zum Preis von 5.320 Mark verkauft werden.

Cabriolet, das zwar 6.950 Mark kostete, aber trotz des recht hohen Preises immerhin 2.592 Käufer fand. Der Ruf nach immer mehr Innenraum führte dann von 1962 bis 1965 zu dem »700 LS«, der mit einem etwas längeren Radstand zu einem verbesserten Raumangebot für die Fondinsassen führte. Nicht weniger als 92.416 Exemplare dieses 5.320 Mark teuren Wagens verließen die Bänder, zu denen noch 1.730 Exemplare der Coupé-Variante kamen, die unter der Bezeichnung »700 LS-Coupé« für 5.850 Mark im Angebot waren.

Der 700er war zweifellos das Fahrzeug, das BMW vor dem Verkauf an Mercedes-Benz rettete – und mit dazu beitrug, dass sich die Ingenieure in München darauf konzentrieren konnten, mit neuen Produkten wieder zur alten Stärke zu gelangen.

In diesen Jahren hatte BMW wieder damit begonnen, Flugzeugtriebwerke zu bauen. Dafür war eine »BMW Triebwerkbau GmbH« gegründet worden, an der sich MAN mit 50 Prozent beteiligt hatte. So konnten die Beteiligten genügend Kapital zusammentragen, um die Lizenzaufträge für den Bau der »Starfighter«-Triebwerke zu bekommen. 1965 sollte MAN auch die restlichen 50 Prozent von BMW übernehmen, um diese Firma später in die »mtu« einzubringen, die wiederum gegen Ende der 80er Jahre in der neuen »Deutschen Aerospace« des Daimler-Benz-Konzerns aufgehen sollte.

Das 700er Coupé war bei Rennen erfolgreicher, als es der relativ kleine Motor mit seinen 40 PS vermuten ließ – doch das geringe Gewicht, das gute Fahrwerk und ein mutiger Fahrer konnten vieles ausgleichen.

Mit der »Neuen Klasse« kommt die Trendwende

1960 bis 1974

Nachdem Herbert Quandt 1960 durch eine Aufstockung des Grundkapitals entscheidend dazu beigetragen hatte, dass BMW endlich auf einer vernünftigen finanziellen Basis stand, konnten sich die Techniker des Hauses nun daran machen, eine neue Generation von Mittelklassefahrzeugen auf die Räder zu stellen. Das Ergebnis war erstmals im Herbst 1961 auf der IAA in Frankfurt zu betrachten. Die begeisterten Besucher bewunderten eine viertürige Limousine, deren neu entwickelter Reihen-Vierzylinder in der ersten Baustufe aus 1,5 Liter Hubraum 80 PS abgab. Mit diesem betont sportlichen Triebwerk übernahmen die Bayern das legitime Erbe der in diesem Jahr in Konkurs gegangenen Firma Borgward, die bis dato in der jungen Republik für sportliche Mittelklasselimousinen zuständig war.

Der Zusammenbruch des Bremer Unternehmens trug aber nicht nur dazu bei, dass sich eine ganze Käuferschar nach einer neuen Hausmarke umsah, sondern er sorgte auch dafür, dass sich viele qualifizierte Ingenieure nach einem neuen Arbeitsplatz umsehen mussten. Etliche von ihnen landeten in München. Mit dem neuen **1500er** – den die PR-Abteilung und die Presse gleichermaßen zur »Neuen Klasse« erklärten – besetzte BMW in kürzester Zeit das Segment der sportlichen und dennoch seriösen Limousinen. Und mit diesem immerhin 148 km/h schnellen Gefährt, das für 9.485 Mark auf den Markt gebracht wurde, hatten die Bayern endlich das Modell an der Hand, mit dem eine dauerhafte Wende zum Erfolg gesichert werden konnte.

Der in seiner Schlichtheit überzeugend aussehende Wagen stellte den Beginn einer neuen Modellpolitik dar, die sich von 1962 an in den nächsten Jahren mit einer Vielzahl von immer stärker motorisierten Varian-

Mit dem BMW 1500 – der rasch unter der Bezeichnung »Neue Klasse« populär wurde – rettete man sich aus der Abhängigkeit von den ganz kleinen und den ganz großen Fahrzeugen. Mit ihm gelang den Münchnern der Durchbruch am Markt.

Mit dem BMW 2000 CS bekam die viertürige Limousine ein elegantes Coupé zur Seite gestellt, das zum Preis von 17.500 Mark 120 PS und eine Höchstgeschwindigkeit von 185 km/h bot.

ten darstellen sollte. Eine Umorientierung, die die Interessenten zuerst einmal auf eine harte Geduldsprobe stellte, denn das Werk war auf die hohe Nachfrage gar nicht eingestellt – es gab von Anfang an Wartezeiten. Dennoch ließen sich die Käufer nicht irritieren, und so wurden bis zum Dezember 1964 nicht weniger als 23.807 Exemplare ausgeliefert.

Natürlich hatte BMW für die Leistungshungrigen rasch eine etwas stärkere Variante parat, die von 1963 an als BMW »1800« mit 1,8 Liter Hubraum und 90 PS bei den Händlern stand – wo sonst gab es damals 162 km/h Höchstgeschwindigkeit für 9.985 Mark zu kaufen? Kein Wunder, dass sich diese Variante in nicht weniger als 102.090 Exemplaren verkaufen und BMW zum erfolgreichsten Durchstarter aller deutschen Autoproduzenten werden ließ. Da man sich in Milbertshofen wie eh und je dem Motorsport verbunden fühlte, wurden auch noch 19.663 Exemplare einer auf 110 PS gesteigerten »1800 TI«-Variante zum Preis von 10.960 Mark an diejenigen verkauft, die mit 175 km/h in die Geschwindigkeitsbereiche deutlich teurerer Sportwagen eindringen wollten.
In den 60er Jahren erlebten die Tourenwagenrennen eine neue Renaissance. Deshalb entschloss man sich auch noch, eine Sonderserie von 200 Exemplaren einer besonders leistungsstarken »TISA«-Version aufzulegen, die mit 130 PS und 190 km/h Höchstgeschwindigkeit in den nächsten Jahren die Rennstrecken beherrschen sollte. Es sind heute für historische Rennen verzweifelt gesuchte und teuer bezahlte Fahrzeuge.

Zwei Jahre nach der Markteinführung wurde aus dem 1500er der BMW »1600«, der nunmehr 83 PS an die Hinterachse brachte. Doch die Produktion dieser Variante endete bereits zwei Jahre später nach 10.278 Fahrzeugen, weil sich der 1800er derart gut verkaufte, dass man sich den Bau dieser 1,6-Liter-Variante sparen konnte.

1965 war das Jahr, in dem man bei BMW wieder an ein kleines Coupé zu vernünftigen Preisen dachte – das Ergebnis war der **»2000 C«**, der erstmals den auf 2 Liter Hubraum vergrößerten Vierzylinder mit nunmehr 100 PS der Öffentlichkeit präsentierte. Natürlich begeisterte auch dieser Motor die Fachpresse, doch man lobte auch das hervorragende Fahrwerk – nur an den ungewöhnlichen Scheinwerfern schieden sich die Geister. Das bei Karmann in Osnabrück gebaute Coupé (Preis: 16.905 Mark) war auch mit einem Automatikgetriebe erhältlich (Preis: 17.750 Mark). Doch es kam, wie es kommen musste: Die Kundschaft verlangte nach mehr Leistung. Deshalb kam nur ein Jahr später der **»2000 CS«** auf den Markt, der für 17.500 Mark einen nunmehr 120 PS starken Motor und 185 km/h Höchstgeschwindigkeit bot.
Klar, dass der stärkere 2-Liter-Motor auch rasch in der Limousine zum Einsatz kam, wo er sich als »2000« und als »2000 Ti« in knapp 140.000 Exemplaren verkaufen ließ. Kein Wunder, dass die BMW-Aktionäre nun auch wieder Dividenden zu sehen bekamen.

Der letzte Vertreter der klassischen Achtzylinder: Der 3200 CS besaß einen 3,2-Liter-V8-Motor und eine Karosserie von Nuccio Bertone. Von dem 29.850 Mark teuren Luxus-Gefährt wurden nur 603 Fahrzeuge gebaut.

BMW baute in den frühen 60er Jahren aber nicht nur brillante Vierzylinder, die mit immer mehr Hubraum und immer höheren Leistungen immer mehr begeisterte Kunden fanden, sondern man produzierte von 1962 bis 1965 auch noch eine letzte Variante der berühmten Achtzylindermodelle – den **»3200 CS«**, der, von Nuccio Bertone als großes Reise-Coupé gezeichnet, immerhin 603 Käufer fand. Zu dieser geringen Stückzahl dürfte bestimmt der Preis von 29.850 Mark beigetragen haben – andererseits war das edle Stück sehr aufwändig gebaut (die Karosserie wurde bei Bertone in

1966 wurde aus dem 1500er bzw. »1600« der »1602«, der als Zweitürer die eher sportlichen Käufer ansprach.

Turin gefertigt) und der Aluminiummotor mit seinen 160 PS war auch nicht preisgünstig zu bekommen. Zu den 603 Käufern des 200 km/h schnellen Wagens kam noch ein weiterer Besitzer: Herbert Quandt. Der Großaktionär des Hauses fuhr aber eine besondere Variante – das einzige jemals gebaute 3200 CS-Cabriolet.

1966 stand eine neue Modellreihe bei den Händlern: Aus dem 1500er bzw. 1600er wurde der **»1602«**, eine kompaktere, zweitürige Variante, die mit anfänglich 85 PS den Zeitgeist perfekt traf. Bis 1975 sollten nicht weniger als 252.282 Exemplare verkauft werden. Mit diesem Bestseller hatte sich BMW in der deutschen Automobilindustrie endgültig zurückgemeldet, und die Münchner sorgten mit einer Vielzahl von Modellvarianten dafür, dass nahezu jeder seinen Traumwagen in dieser Baureihe finden konnte. Da gab es für die Frischluftsüchtigen ein Cabriolet, während diejenigen, die mehr Gepäck oder Sportgeräte mit sich führen wollten, von 1971 an zu der »Touring«-Schrägheckvariante greifen konnten. Da gab es diverse Motorisierungsmöglichkeiten – so den »**1802**« mit 1,8 Liter Hubraum und 90 PS oder den »**2002**« mit 100 Pferdestärken. 1968 kam dann noch ein »**2002 ti**« mit 120 PS, der 16.448 Liebhaber fand, während sich sogar 38.703 Käufer an ihrem »**2002 tii**« erfreuten, der für 12.765 Mark stolze 130 PS und 190 km/h Höchstgeschwindigkeit bot.

Das stärkste aller »02«-Modelle war im September 1973 auf der IAA in Frankfurt zu betrachten: Der »**2002 turbo**« war die erste deutsche Limousine mit einem Turbolader, der für nicht weniger als 170 PS sorgte, die das 2-Liter-Triebwerk bei 5.800/min bereitstellte. Dass sich die breite Öffentlichkeit besonders intensiv mit diesem Fahrzeug auseinander setzte, lag aber nicht nur an den 210 km/h Höchstgeschwindigkeit, sondern auch an den aggressiven Front- und Heckspoilern und an der Tatsache, dass die BMW-Designer den »2002 turbo«-Schriftzug in großer Spiegelschrift auf den Frontspoiler geklebt hatten – ein Gag, den die Zeitungen als »Kriegsbemalung« beschrieben und der auf den 1.672 gebauten Fahrzeugen auch nicht mehr auftreten sollte. Dass es so wenig Fahrzeuge wurden, lag aber nicht nur an dem Preis von 18.720 Mark, sondern auch daran, dass die erste Ölkrise vielen leistungsstarken und entsprechend durstigen Autos Schwierigkeiten bereitete. Bei BMW reagierte man 1975 mit dem »1502« und 75 PS, der für 11.900 Mark nur noch 157 km/h bereitstellte und sich in 72.635 Exemplaren verkaufte. Insgesamt sollten von dieser Baureihe bis zur Produktionseinstellung im Jahre 1977 knapp eine Million Autos gefertigt werden – ein Erfolg, den sich zehn Jahre zuvor niemand erhoffen konnte.

Der 2002 turbo war eines der ersten Fahrzeuge, das in Deutschland mit einem Turbo-Motor ausgestattet wurde. Der Schriftzug in Spiegelschrift war nur bei den Prototypen angebracht - in der Serie verzichtete BMW nach heftigen Protesten auf dieses Erkennungsmerkmal.

Zu dieser Erfolgsstory trugen aber auch die großen Modelle bei, die 1968 mit den Limousinen des Typs **»2500«** und **»2800«** und dem **»2800 CS«** eingeleitet wurden. In diesen Baureihen setzte BMW erstmals wieder auf Sechszylinder, die im Laufe der Jahre bis auf 3,3 Liter Hubraum aufgebohrt wurden und die Fachpresse und das Publikum gleichermaßen begeisterten. Die Leistungen lagen zwischen 150 und 200 PS – dementsprechend zügig ließen sich die Modelle auch bewegen, denn unter 190 km/h lief keiner der Wagen. Im September 1971 kamen die ersten Einspritzvarianten auf den Markt, die als **»3.0 Si«** und als **»3.0 CSi«** angeboten wurden. Sie konnten mit ihren 200 PS und 220 km/h Höchstgeschwindigkeit so manchen Porschefahrer ärgern. Der belgische Ex-Formel-1-Rennfahrer und Autotester Paul Frère schrieb im März 1972 in der »Motor-Revue« über das 30.650 Mark teure Gefährt: »Man könnte lange darüber streiten, ob das BMW-Coupé ein sportlicher Luxuswagen ist, oder ob es sich bei ihm um einen luxuriösen Sportwagen handelt. Dass er sehr nahe daran ist, diesen anscheinend unmöglichen Kompromiss zu erfüllen, beweist der Umstand, dass es in internationalen Tourenwagenrennen das einzige noch seriennahe Fahrzeug ist, das noch Aussichten hat, zu siegen.«

Der große Heckflügel war das Erkennungsmerkmal des in nur 1.039 Exemplaren gebauten 3.0 CSL.

Der absolute Höhepunkt dieser Jahre war aber zweifellos das in nur 1.039 Exemplaren gebaute **»3.0 CSL«-Coupé**, das zum Preis von 31.950 Mark mit seinem großen Heckflügel und den aggressiven Spoilern Rennatmosphäre pur auf die Straße brachte. Das nur 1.165 Kilogramm schwere Gefährt war von der Sportabteilung entwickelt worden, die dieses Modell als Homologationsgefährt benötigte, um gegen Ford Capri und Porsche Carrera RSR auf der Rennstrecke siegen zu können.

Mit dem 2500 startete BMW den Aufstieg in die Topklasse.

Die Erfolgsstory hatte natürlich auch Nachteile, denn immer mehr Kunden mussten immer länger auf ihre Fahrzeuge warten. Das Stammwerk im

Münchner Norden fing an, aus allen Nähten zu platzen. Dazu kam, dass sich die Stadt München 1966 erfolgreich um die Olympischen Sommerspiele 1972 beworben hatte und die wenigen noch vorhandenen Flächen für das Olympiagelände und das Olympische Dorf beanspruchte. Damit war klar, dass BMW außerhalb nach neuen Standorten suchen musste. Da traf es sich gut, dass man 1967 die »Hans Glas GmbH« in Dingolfing übernehmen konnte, wo zuerst noch einige Glas-Modelle unter dem BMW-Label weitergebaut wurden. Dann verlagerte man 1970 die zentrale Teileauslieferung nach Dingolfing, wo in demselben Jahr auch der Grundstein für ein völlig neues Pkw-Werk gelegt wurde. In diesem werden seit 1973 die großen BMW-Modelle montiert.

Hans Glas war mit seinen »Goggomobil«-Fahrzeugen lange Jahre im Kleinwagenbereich einer der größten Konkurrenten der Münchner gewesen, doch er hatte sich später mit immer größeren Modellen (die technisch teil-

weise hervorragend waren) in einen Marktbereich gewagt, in den seine Käuferklientel nicht folgen konnte. So hatte er am Schluss mit einem großen Achtzylinder den Sprung in die Topklasse beschlossen – und musste dort feststellen, dass die Käufer solcher Fahrzeuge immer den klassischen Häusern treu blieben. Klar, dass sich die Investitionen nicht verdienen ließen, während gleichzeitig der Kleinwagenmarkt zusammenbrach, weil sich die Kunden endlich größere Autos leisten konnten.

Als die Bayerischen Motoren Werke die Firma Glas übernahmen, fanden sie in deren Programm ein bildhübsches zweisitziges Coupé und Cabriolet mit einer Karosserie des Hauses Frua, das noch einige Zeit mit einem BMW-1,6-Liter-Motor weitergebaut wurde.

Die immer größer werdenden Platzprobleme sorgten dafür, dass BMW 1969 seine Motorradproduktion von München nach Berlin verlagerte. Damit existierte neben dem 1959 dort übernommenen Haus ein weiteres BMW-Werk in der deutschen Hauptstadt. Das Unternehmen begann die neue Produktion in Berlin-Spandau mit einer völlig neuen Motorrad-Baureihe, die unter den Bezeichnungen »R 50/5«, »R 60/5« und »R 75/5« auf Anhieb ihre Käufer fand und dafür sorgte, dass sich die Produktionsziffern von 4.700 Einheiten im letzten Produktionsjahr in München bis 1973 auf 20.000 Jahreseinheiten vervierfachten. Bis zur Ablösung durch die »R 90/6« und »R 90 S« im Jahre 1973 sollten nicht weniger als knapp 70.000 Exemplare gebaut werden. Dies war auch das Jahr, in dem die Münchner mit dem 500.000sten Motorrad den 50. Geburtstag der Zweiradproduktion feiern konnten. Dazu passte es gut, dass am Ende des Jahres der zwanzigste Weltmeistertitel bei den Seitenwagen errungen wurde.

Ende der 60er Jahre baute BMW an allen Ecken und Enden: Während in Dingolfing das neue zentrale Teilelager in Betrieb ging, entstand im niederbayerischen Landshut auf einem ehemaligen Glas-Gelände ein weiteres Werk, in dem zuerst Austauschmotoren und Zulieferteile gefertigt wurden. Von 1973 an wurde hierher auch eine Kunststoffteileproduktion verlagert, der sich Ende der 80er Jahre noch die aus München ausgelagerte Aluminiumgießerei anschloss. Und seit 1990 sitzt in Landshut auch noch eine Pilotanlage für die Demontage ausgemusterter Fahrzeuge.

Das 1973 eingeweihte Verwaltungsgebäude erhielt vom Volksmund rasch den Namen »Vierzylinder«.

Dazu richtete man 1970 in der Nähe von München ein erstes Mess- und Versuchsgelände ein. Aber der wichtigste Grundstein wurde wohl zu dem neuen Verwaltungsgebäude gelegt, das man am Petuelring gegenüber dem Olympiagelände errichtete. Als das Unternehmen gegen Ende der 60er

Jahre erstmals die Milliardengrenze beim Umsatz erreichte und die unglaublichen Zuwachsraten klar ein weiteres Wachstum signalisierten, gaben die Aktionäre für ein neues Verwaltungsgebäude grünes Licht. Der Wiener Architekturprofessor Karl Schwanzer hatte das Hochhaus in der stilisierten Form von vier Motorenzylindern gestaltet und mit diesem markanten Design alle Juroren überzeugt – also wurde dieser Entwurf in der Nähe des großartigen Olympiageländes in die Tat umgesetzt.

Bei der Grundsteinlegung im Herbst 1970 war auch der neue Vorstandsvorsitzende anwesend, der sein Amt zu Anfang dieses Jahres angetreten hatte: **Eberhard von Kuenheim**, der das Unternehmen in den nächsten Jahrzehnten zu einer Weltmarke führen sollte. Bereits am 18. Mai 1973 konnte der »Vierzylinder« eingeweiht werden. Nur einen Monat später wurde auch das BMW-Museum eröffnet, eine 41 Meter weite Betonschüssel, in der sich jährlich mehr als 300.000 Besucher die Exponate des Hauses in stetig wechselnden Ausstellungen betrachten.

1972 war für München eines der wichtigsten Jahre in der Stadtgeschichte: Mit den Olympischen Spielen, die so strahlend begannen und so tragisch endeten, bewies man der Welt, wie freundlich, ruhig und gelassen Veranstaltungen dieser Art stattfinden können. Daran hatte auch BMW seinen Anteil, wo man Elektrofahrzeuge baute, die die Athleten beispielsweise beim Marathonlauf durch die Stadt begleiteten. Dass sie Prototypen blieben, wurde ebenso bedauert wie die Tatsache, dass die von dem Designer Paul Bracq gezeichnete »Turbo«-Studie nie in Serie gehen sollte. Mit diesem aggressiven

Von dieser Studie mit dem Namen »Turbo« wurden nur zwei Exemplare gebaut – die Form stammt von dem französischen Designer Paul Bracq.

Mittelmotor-Coupé mit den charakteristischen Flügeltüren war BMW einer der schönsten Sportwagen aller Zeiten gelungen. Aber noch hatte man nicht den Mut, sich in dieser exklusiven und teuren Nische zu versuchen – so blieb es bei zwei Exemplaren des 250 km/h schnellen rollenden Versuchslabors, dessen aufgeladener Vierzylinder bis zu 280 PS versprach.

Im Jahr der Olympischen Spiele in München brachte BMW – das einen neuen Umsatzrekord von zwei Milliarden Mark meldete – ein neues Modell auf den Markt: Mit der neuen **Fünfer-Reihe** erschien das erste Glied einer Modellreihe, die sich in den nächsten Jahren vom Dreier (1975) über das neue Sechser-Coupé (1976) bis hin zum Siebener (1977) erstrecken sollte. Der Fünfer war gegenüber seinem Vorgänger deutlich gewachsen – er war erwachsener geworden und bot mehr Innen- und Kofferraum denn je. Das Publikum akzeptierte die 115 PS starke Limousine (die Einspritzversion hieß **»520i«** und leistete 125 PS) auf Anhieb, obwohl die Zeiten nicht einfach waren, denn die erste Ölkrise im Herbst 1973 stand kurz bevor. Alleine von diesen beiden Basisversionen verkaufte BMW knapp 140.000 Exemplare – dazu kamen von 1973 an der **»525«** mit einem 145 PS starken

Von 1972 an startete BMW die Fünfer-Reihe, die von 520 bis zum 535i reichte.

Sechszylinder (122.272 Exemplare) und der **»528«** und **»528i«**, von denen etwa 100.000 Fahrzeuge gebaut wurden. Die bereits erwähnte Ölkrise sorgte aber auch für einen sparsameren **»518«** mit 90 PS, der sich zum Preis von 14.870 Mark zwischen 1974 und 1981 in 120.377 Exemplaren absetzen ließ. Als die erste Angst um das Öl vorbei war, produzierten die Münchner dann noch mit dem **»M 535i«** ein 220 km/h schnelles Topmodell, das sich seine 1.410 Besitzer zwischen dem April 1980 und dem Juni 1981 für 43.595 Mark in die Garage stellen konnten.

Die Begeisterung, mit der die neuen Produkte aufgenommen wurden, hatte auch dafür gesorgt, dass BMW sich weltweit ein eigenes Netz an Importeuren und Produktionswerken zulegte. So wurde 1972 in Südafrika ein Montagewerk eröffnet, das unter anderem auch einige Jahre von dem späteren Vorstandsvorsitzenden Bernd Pischetsrieder geleitet wurde. Und in Frankreich sowie in den USA entstanden eigene Tochtergesellschaften, die für den Vertrieb in diesen wichtigen Märkten verantwortlich zeichneten.

Ein erfolgreiches Team – die March-BMW-Werksmannschaft 1982: Christian Danner, Formel-2-Europameister Corrado Fabi und Vize-Europameister Johnny Cecotto (v.l.n.r.).

BMW und der Motorsport waren immer ein Kapitel für sich. Jahrelang wurde dieser Imageträger intensiv gepflegt, dann nahm ihn der Vorstand wieder (weil zu teuer) eher unwichtig. Dabei verfügte das Unternehmen mit Alex von Falkenhausen über einen Motorkonstrukteur der Extraklasse, dessen Rolle später Paul Rosche übernehmen sollte. Als von Falkenhausen 1961 den neuen Vierzylinder erstmals präsentierte, war den Fachleuten rasch klar, dass hier auch die Basis für einen hervorragenden Rennmotor existierte. Dennoch wurde in den 60er Jahren die Rennsportabteilung erst einmal aufgelöst, obwohl die Tourenwagen Titel ohne Ende – darunter 1965 die berühmten »24 Stunden von Spa« – und letztlich sogar den Europapokal für Tourenwagen errangen. 1968 siegten Hubert Hahne und Dieter Quester beim »Großen Preis der Tourenwagen« auf dem Nürburgring, und parallel dazu kamen auch verstärkt Einsätze in der äußerst populären Formel 2. Anfang der 70er Jahre errangen die Rennwagen aus München auf der Rundstrecke und auf den Rallyepisten Hunderte von Siegen. Nur ein paar der vielen Titel dieser Jahre: Norwegischer Eismeister, Dänischer Rundstreckenmeister, Schwedischer Rallyemeister, Italienischer Rundstreckenmeister, Belgischer Bergmeister, Deutscher Meister, polnische Titel, Österreichische Staatsmeisterschaften – sogar in der Türkei regnete es Titel und Pokale. Dennoch erklärte das Werk 1970 – nachdem man sich voll auf diese Rennserie konzentriert hatte und etliche glanzvolle Siege erringen konnte – den Rücktritt vom offiziellen Rennsport.

Als Ford mit dem Capri immer stärker wurde, stellte sich das Management im Herbst 1971 die Frage, ob man sich dem Thema Motorsport professionell stellen wollte – oder es sein lassen sollte. Die Frage wurde mit der Gründung der »BMW Motorsport GmbH« beantwortet, für deren Führung man sich Jochen Neerpasch engagierte, der bis dato Rennleiter bei Ford gewesen war.
Die 1972 gegründete Motorsport GmbH sorgte nicht nur für perfekt vorbereitete Werksrennwagen, sondern organisierte auch den Kontakt zwischen den vielen erfolgreichen Tunern – und schuf mit den Homologationsfahrzeugen die Basis für Rennwagen, die der Konkurrenz oft einen Schritt voraus waren.

Von 1972 bis 1977 dominierten die 2-Liter-Vierzylinder die Rennen zur Formel-2-Meisterschaft – und sie gewannen dabei nicht weniger als 48 von insgesamt 68 Rennen. Hier sitzt im Jahre 1977 Jochen Maass im Cockpit eines March-BMW bei einem Rennen in Hockenheim.

Dafür hatte sich Neerpasch der Dienste von ein paar Toptechnikern versichert, die in enger Zusammenarbeit mit Regelspezialisten immer wieder ungewöhnliche Lösungen fanden – wie beispielsweise den bereits erwähnten 3.0 CSL, von dem einfach 1.000 Exemplare mit dem großen Spoilerset, der im Rennen für zusätzliche Sekundenbruchteile sorgte, gebaut wurden. Mit dem finanziellen Background der Muttergesellschaft waren solche Sonderaktionen, die ein einzelner Tuner niemals hätte finanzieren können, problemlos möglich. Das Ergebnis dieser Anstrengungen waren Siege (nahezu) ohne Ende: Schon im Gründungsjahr konnte Neerpasch 20 Landessiege, 77 Gesamtsiege und 957 Klassensiege bei Rennen und Rallyes vorweisen. 1973 startete das Unternehmen mit dem ersten Titel in der Tourenwagen-Europameisterschaft eine Serie, der bis 1979 vier weitere Titel folgen sollten.

1973 war auch das Jahr, in dem die heiß umkämpfte Europameisterschaft in der Formel 2 mit einem BMW-Triebwerk errungen wurde. Und dass man in der Motorsport GmbH, die in der Preußenstraße in Milbertshofen zu Hause ist, auch avantgardistische Technik einzusetzen verstand, bewiesen die 3.0 CSL-Coupés, die 1974 erstmals mit einem Antiblockiersystem an die Startlinie fuhren.

Keine Frage, es war eine gute Zeit für das Münchner Unternehmen – trotz der Ölkrise. Aber es sollte alles noch viel besser kommen.

Der Höhepunkt einer Ära: In den frühen 70er Jahren fuhren große Namen wie Jacky Ickx, Niki Lauda, Derek Bell, Ronnie Peterson oder Brian Redman mit den 3.0 CSL-Rennwagen auf allen Rennstrecken dieser Erde – und zu den Schnellsten gehörte stets Hans-Joachim Stuck, der hier mit einem Werkswagen in der Saison 1975 in den USA fuhr.

Mit dem Dreier startet BMW die Weltkarriere

1975 bis 1985

Von 1975 an sorgten die Verkaufszahlen des Dreiers für glänzende Gewinne.

Als sich BMW im Olympiajahr 1972 mit der neuen Fünfer-Reihe aus der Nische der sportlichen Limousinen herausfuhr und begann, Themen wie Komfort und Familienfreundlichkeit noch stärker zu besetzen, ahnte die breite Öffentlichkeit natürlich nicht, dass die Konzernführung mit dieser Entwicklung nur die Speerspitze einer völlig überarbeiteten Modellpalette präsentierte. Der zweite Schlag folgte 1975 mit der Vorstellung der **Dreier-Reihe,** die – mit neuer Form und neuem Fahrwerk (aber natürlich den bewährten Motoren) – nahtlos an die Erfolge des Vorgängermodells anknüpfen konnte. Schon die Basismodelle **»316«** und **»318«** ließen sich mit ihren Vierzylindermotoren bis 1980 mehr als 340.000-mal verkaufen. Die Sechszylindermodelle **»320«** und **»323«** (die als Vergaser- und als Einspritzmodelle zur Verfügung standen) konnten von 1975 bis 1982 sogar in mehr als 620.000 Exemplaren abgesetzt werden. In der letzten Bauphase dieses erfolgreichen Modells kamen dann noch mit dem **»315«** eine auf 75 PS gedrosselte Einstiegsversion und mit dem **»318i«** der erste Vierzylinder mit Einspritzanlage und 105 PS Leistung. Da BMW in diesen Jahren offensichtlich alles glückte, konnten auch von diesen Modellen noch einmal etwa 390.000 Fahrzeuge verkauft werden.

Nach dem Fünfer und dem Dreier stellte dann das **Sechser-Coupé** im Jahre 1976 den dritten Schritt zu einem veränderten Modellprogramm dar. Das neue Coupé überzeugte nicht nur durch seine ungemein elegante Form, sondern auch durch eine Vielzahl an neuen technischen Features, die im Laufe der nächsten Jahre auch in das restliche Modellprogramm Einzug halten sollten. So gehörten die von der Motordrehzahl abhängige Servolenkung und das Check-Control-Board, bei dem eine Vielzahl an Motorfunktionen und Messwerte abgerufen werden konnten, zu den ersten Einrichtungen dieser Art in einem Automobil. Selbstverständlich hatte BMW die Topmodelle **»630 CS«** und **»630 CSi«** auch mit einer Kompletteinrichtung ausgestattet: Wärmeschutzverglasung, Lederpolster und elektrische Fensterheber waren im Preis von 43.900 Mark für das 185 PS starke

Vergasermodell ebenso wie in der 46.500 Mark teuren CSi-Einspritzvariante mit 200 PS und 215 km/h Höchstgeschwindigkeit serienmäßig.

Im Laufe der Jahre sollte diese Baureihe – von der bei der Karosseriefirma Karmann insgesamt 90.000 Exemplare entstehen sollten – noch mit drei weiteren Modellen ergänzt werden: 1978 kam der **»635 CSi«** mit nunmehr 3,5 Liter Hubraum und 218 PS zum Preis von 49.400 Mark auf den Markt. Ein Jahr später folgte mit dem **»628 CSi«** ein 184 PS starkes Einsteigermodell, von dem zum Preis von 46.000 Mark aber nur 5.947 Exemplare entstanden. BMW-Kunden schätzten eben schon immer die leistungsstärkeren Varianten, wie die 45.212 verkauften 635 CSi-Modelle beweisen. Mit dem **»M 635 CSi«** entstand dann 1984 das absolute Topmodell, in dem – zum Preis von 91.250 Mark – der Sechszylinder des legendären »M1« mit 286 PS zum Einsatz kam. Von dieser 255 km/h schnellen Hochleistungsvariante konnten immerhin 5.855 Exemplare verkauft werden, die heute die gesuchtesten aller Sechser-Coupés sind.

Während die Siebener-Modelle (oben) hauptsächlich als Reise- und Geschäftsfahrzeuge eingesetzt wurden, wendete sich das Sechser-Coupé – hier der M 635 CSi – mehr an den Liebhaber exklusiver Modelle (unten).

Jochen Neerpasch hatte als Rennleiter weltweit beste Beziehungen zu den interessantesten Fans der Rennsportszene – einer von ihnen war der fran-

Drei der vielen Künstler, die für BMW Art-Cars gestalteten: Andy Warhol, Alexander Calder und Roy Lichtenstein (von oben nach unten).

zösische Galerist **Hervé Poulain**, der Größen wie Alexander Calder oder Roy Lichtenstein vertrat. Poulain war aber zudem auch ein begeisterter Hobbyrennfahrer, der Neerpasch ein interessantes Geschäft vorschlug: BMW sollte ihm für das »24-Stunden-Rennen von Le Mans« einen Werksrennwagen zur Verfügung stellen, er würde dafür einen seiner Künstler bitten, den Wagen zu bemalen. Das Ergebnis war 1975 das erste **Art-Car**, ein 3,5 CSL-Coupé mit 480 PS Leistung und einer Bemalung von Alexander Calder. Diese unkonventionelle Verbindung von Kunst und Rennsport sollte eine bemerkenswerte Reihe von Unikaten einläuten, die in den nächsten Jahren in Le Mans an den Start gingen: Im folgenden Jahr wurde ein Coupé von dem New Yorker Künstler Frank Stella gestaltet, dann bemalte Roy Lichtenstein einen Rennwagen des Typs 320, dem 1979 ein von Andy Warhol verzierter »M1« folgen sollte. Alle diese Rennwagen zeichneten sich aber nicht nur durch die Bemalung großer Künstler aus, sondern auch durch den einmaligen Einsatz bei einem Rennen – eben in Le Mans.

Später sollte die Reihe der Art-Cars mit anderen Künstlern fortgesetzt werden. Zuerst kam Ernst Fuchs mit einem Sechser-Coupé, dann gestaltete der Pop-Künstler Robert Rauschenberg 1986 einen Wagen. Im Laufe der Jahre entdeckten auch die Importeure in verschiedenen Ländern die Chancen, die ein von einheimischen Künstlern bemalter Wagen bot. BMW Australia überließ zwei Fahrzeuge dem weißen Künstler Ken Done und dem Aborigine-Künstler Michael Jagamara Nelson, dann entstand ein japanisches Art-Car aus der Hand von Matazo Kayama, dem 1990 der zehnte Wagen des Spaniers César Manrique folgte. Der elfte Wagen entstand dann wieder in Deutschland – 1991 bemalte A. R. Penck einen »Z1«. Dass Stücke dieser ungewöhnlichen Sammlung rollender Kunstobjekte mittlerweile in nahezu allen großen und wichtigen Museen dieser Erde zu bewundern sind, ist zweifellos ein Indiz dafür, dass BMW mit der Bewahrung einer aus der Phantasie eines rennsportbesessenen Galeristen entstandenen Idee einen Beitrag zur Kunstgeschichte des 20. Jahrhunderts geleistet hat.

Der vierte Schritt zum neuen Modellprogramm war 1977 die erste **Siebener-Generation,** die als viertürige und viersitzige Limousine das Sechser-Coupé ergänzte. Während die Vergaser-Modelle des Typs **»728«** (2,8 Liter Hubraum, 170 PS, 30.850 Mark) und **»730«** (3,0 Liter Hubraum, 184 PS, 34.850 Mark) nur zwei Jahre im Programm waren, kam die Ablösung für den 39.950 Mark teuren **»733i«** mit 197 PS erst 1980 – von diesen Varianten entstanden etwa 73.000 Exemplare. Die 1979 präsentierten Einspritzer **»728i«, »732i«** und **»735i«** blieben bis 1986 im Programm – und trugen mit knapp 190.000 verkauften Exemplaren entscheidend dazu bei, dass sich die Bayern auch in der Oberklasse einen Namen machten.

Vielleicht sollte noch kurz der **»745i«** erwähnt werden. Das 54.200 Mark teure Topmodell dieser Baureihe erreichte mit der Hilfe eines Turboladers stolze 252 PS und eine Höchstgeschwindigkeit von 222 km/h. Dieser ungewöhnliche Wagen verfügte auch als erstes Modell über eine digitale Motorelektronik und ein serienmäßiges Antiblockiersystem, das bei dem Temperament des 745i gebraucht werden konnte. Den Interessenten war klar, dass die Endgeschwindigkeit, die durchaus im Porsche-Bereich anzusiedeln war, mit einem beachtlichen Benzindurst erkauft werden musste. Dennoch konnten 15.302 Käufer dieser Mischung aus vier Türen, Familienkomfort und Sportwagentemperament nicht widerstehen.

Im Januar 1977 erschien die erste Siebener-Baureihe, die von nun an das Flaggschiff des Unternehmens darstellte – hier ein 730, der für 34.850 Mark 184 PS bereitstellte.

In diesen Jahren entdeckte BMW auch seine Verantwortlichkeit für die Aus- und Weiterbildung der Fahrerinnen und Fahrer. Deshalb wurde 1977 die Entscheidung gefällt, den Kunden des Hauses ein Fahrertraining anzubieten, bei dem die Beherrschung des Fahrzeugs in allen Fahrzuständen geübt werden konnte. Eine Institution, die bis zum heutigen Tag erhalten geblieben ist und Hunderttausenden das Einmaleins des besseren Fahrens beibrachte.

Parallel zur Ausbildung der Autofahrer kümmerte sich BMW aber natürlich auch um die Motorradfahrer, denn die Verkaufszahlen nahmen kontinuierlich zu – allmählich galt Motorradfahren wieder als chic. Die Bayern trugen diesen neuen Zeiten 1976 mit der **»R 100 RS«**

Die 1976 vorgestellte 100 RS blieb bis 1984 im Programm – und war mit 33.648 verkauften Exemplaren das erfolgreichste Modell dieser Baureihe. Der Preis: 11.210 Mark.

Während der von dem Amerikaner Alexander Calder gestaltete 3.0 CSL (oben) bei den »24 Stunden von Le Mans« im Jahre 1975 nach neun Stunden mit einer gebrochenen Kardanwelle ausfiel, kam der nach einem Entwurf von Roy Lichtenstein bemalte 320i (unten) 1977 auf Rang neun im Gesamtklassement.

Andy Warhol ließ es sich nicht nehmen, seinen M 1 (oben) mit eigenen Pinselstrichen zu einem Kunstwerk zu machen – der Rennwagen erreichte 1979 in Le Mans Rang sechs im Gesamtklassement. Nach nur vier Rennstunden fiel 1976 der mit einem Design von Frank Stella versehene 3.0 CSL (unten) nach Ölverlust aus.

Den »Feuerfuchs« schuf der österreichische Künstler Ernst Fuchs. Die Basis war hier ein 635 CSi, der aber nie zu einem Rennen geschickt wurde.

Rechnung, die als erste Maschine zum Preis von 11.210 Mark mit einer serienmäßigen Vollverkleidung auf den Markt kam. Von der neuen **»100er«-Baureihe,** die letztlich in sechs verschiedenen Varianten erscheinen sollte, konnte BMW bis 1984 knapp 100.000 Maschinen verkaufen – ein Boom, der mit dazu beitrug, dass BMW in Berlin ein neues Motorradwerk plante, für das Bundespräsident Walter Scheel 1977 den Grundstein legte. Dass diese Entscheidung richtig war, bewiesen die Produktionszahlen, die von 1977 an für einige Jahre klar die 30.000er-Marke überschreiten sollten. Die Einweihung des fertigen Werks – in dem die Produktion der neuen **»K«-Modellreihe** aufgenommen wurde – fand am 1. März 1984 in der Gegenwart von Bundeskanzler Helmut Kohl statt.

Mit dieser neuen Baureihe hatte sich BMW erstmals von der seit Jahrzehnten gepflegten Tradition der Boxertriebwerke entfernt. Hier arbeiteten Vierzylinder-Reihenmotoren (später sollten auch Dreizylinder-Triebwerke hinzukommen), die flachliegend eingebaut und direkt mit Getriebe und Kardanwelle verbunden waren. Wenn auch die Puristen diese neue Konzeption anfänglich mit Skepsis betrachteten, so setzten sich die neuen Modelle doch rasch wegen ihres ausgezeichneten Handlings und der hohen Zuverlässigkeit durch. Dazu trug auch die Tatsache bei, dass BMW kontinuierlich Automobiltechnik in das Motorraddesign einfließen ließ. Ein elektronisches Motormanagement war genauso selbstverständlich wie (von 1988 an) ein ABS oder später ein geregelter Abgaskatalysator.

Robert Rauschenberg war der Gestalter dieses Art-Cars. Der amerikanische Pop-Artist bemalte 1986 für BMW of North America diesen 635 CSi.

Seit den 70er Jahren hatte sich BMW bereits intensiv mit sparsameren und alternativen Antrieben beschäftigt. Eine der dabei angedachten und letztlich auch in Serie gegangenen Lösungen war der **»eta«-Motor,** der seine vergleichsweise bescheidene Leistung von 125 PS aus immerhin 2,7 Liter Hubraum holte. Durch diese Konstellation wurde sehr viel Drehmoment bei sehr niedrigen Drehzahlen geholt, was in Verbindung mit einem entsprechend übersetzten Getriebe zu einem sehr entspannten Fahren ohne hohe benzinfressende Drehzahlen führte. Dass diese intelligente Lösung in der Bundesrepublik zu keinen großen Stückzahlen führte, war zu befürchten. Die Amerikaner hingegen, die diese unspektakuläre Fahrweise von ihren Achtzylindern gewöhnt waren, schätzten diese eta-Version, die sowohl im Dreier als auch im Fünfer angeboten wurde, so hoch ein, dass letztlich etwa drei Viertel aller eta-Modelle über den großen Teich geliefert wurden. Später sollten dann die sparsamen und dennoch temperamentvollen **Turbo-Dieselmotoren** die Rolle dieser Varianten einnehmen.
Die ersten Fahrzeuge mit alternativen Antrieben waren zweifellos die Elektromodelle der Olympischen Spiele – doch sie waren zu teuer und mit zu geringen Reichweiten ausgestattet, als dass man sich ernsthaft über eine Produktion hätte unterhalten können. 1979 folgte dann eine Kooperation mit dem Hause Steyr-Daimler-Puch in Österreich, mit der die Forschung und Entwicklung des Wasserstoffantriebs vorangetrieben werden sollte. 1980 gab es dann einen ersten Siebener mit dieser Technik, und heute kann man bei BMW **Wasserstoff-Fahrzeuge** kaufen.

BMW begann schon früh, sich um alternative Antriebe zu kümmern, so fuhren bereits 1980 im Versuch die ersten Siebener mit einem Wasserstoffantrieb.

Großer Spoiler, großer Flügel – bei den Procar-Rennen traten die besten Formel-1-Fahrer gegen die besten Tourenwagenpiloten an. Und Niki Lauda gewann die Rennserie.

Die 70er Jahre brachten zweifellos einige der schönsten sportlichen Erfolge der Weiß-Blauen: Es hagelte nur so Titel und Pokale – BMW wurde mehrfach Tourenwagen-Europameister, Sportwagen-Weltmeister, Deutscher Rennsportmeister. Und die Privatiers holten sich in ganz Europa nationale Titel am Berg, auf der Rundstrecke und auf den Rallyepisten. Doch Jochen Neerpasch schuf 1978 in seiner Motorsport GmbH noch etwas ganz anderes: einen eigenen Wagen, den mittlerweile zur Legende gewordenen **»M1«** – ein Mittelmotor-Hochleistungscoupé, das bis 1981 in einer Stückzahl von nur 450 Exemplaren (davon 49 Rennwagen) gebaut wurde.

Zum Preis von zuerst 100.000 Mark (später sollte der Preis auf 113.000 Mark angehoben werden) erwarb der stolze Besitzer einen für die Straße zivilisierten Rennwagen, dessen 3,5-Liter-Reihen-Sechszylinder bei 6.500/min 204 kW oder 277 PS abgab. Dafür hatte der Motor einen neuen Zylinderkopf mit zwei oben liegenden Nockenwellen und Vierventiltechnik bekommen. Das Ergebnis waren 262 km/h Höchstgeschwindigkeit und dank des modifizierten Rennfahrwerks Kurvengeschwindigkeiten, die nur die wenigsten Käufer auf normalen Straßen jemals ausloten konnten. Die »Motor-Revue« schrieb in ihrer Jahresausgabe 1978/79 über den »Exoten aus Bayern«: »Erst einmal in Fahrt, läßt der M1 seinen Fahrer das Handicap der nach hinten eingeschränkten Sicht rasch vergessen. Denn der Sport-BMW zählt zu jenen Verkehrsteilnehmern, die – wenn überhaupt – äußerst selten überholt werden. Ohne viel Zeit zu verlieren – exakt waren es 5,6 Sekunden –, beschleunigt der M1 auf 100 km/h, und nach nur wenig mehr als 20 Sekunden durcheilt er bereits die 200-km/h-Marke. Selbst dann geht es relativ zügig weiter, und nach dem Einlegen des fünften Ganges bei 225 km/h dauert es noch keine zwei Minuten, bis die Höchstgeschwindigkeit erreicht ist.« Das Fazit der Fachzeitschrift lautete: »Angesichts der guten Qualitäten dieses Sportwagens braucht sich BMW um den Absatz der geplanten Serie von 400 Stück wohl keine Sorgen zu machen. Denn der M1 ist sicher der beste Exote, der je in Deutschland gebaut wurde.«

Im Rennsport trat der M1 hauptsächlich in den so genannten Procar-Rennen an, in denen Formel-1-Piloten vor Grand-Prix-Rennen gegen die Crème der Tourenwagenfahrer antraten – und dabei Kämpfe lieferten, von denen die Fans noch heute schwärmen. Wie gut der Motor war, zeigte sich auch bei einigen Rennen, in denen Turboversionen mit bis zu 850 PS Leistung antraten. Heute gehört der M1 – ähnlich wie der 507 – zu den gesuchtesten BMW-Raritäten überhaupt.
1980 startete die Motorsport GmbH dann mit der Konzeption eines Formel-1-Motors – eine Entwicklung, die dem Haus 1983 die Formel-1-

Etwa 400 Exemplare entstanden von der 262 km/h schnellen Straßenversion des M1, der auch heute noch Aufsehen erregen kann.

Nelson Piquet und BMW waren 1983 in der Formel-1-Weltmeisterschaft nicht zu schlagen.

Weltmeisterschaft unter dem brasilianischen Fahrer Nelson Piquet einbringen sollte. Davor gab es aber noch ein paar andere Erfolge zu feiern: So gewannen BMW-Motorräder 1980 erstmals die berüchtigte Rallye »Paris – Dakar« – ein Erfolg, den man in den 1981, 1983, 1984 und 1985 wiederholen konnte. Und 1982 konnte man den sechsten Gewinn der prestigeträchtigen Formel-2-Europameisterschaft feiern.

Die großen weltweiten Erfolge zwangen BMW immer wieder dazu, über neue Produktionsstätten und Vertriebswege nachzudenken – einer der spektakulärsten Schritte dabei war zweifellos die Gründung einer eigenen Niederlassung in Japan im Jahre 1981. Bis dahin hatte es kein anderer Importeur gewagt, in dem für den Vertrieb als äußerst schwierig geltenden japanischen Markt auf die Hilfe eines ortsansässigen Händlers zu verzichten. Mittlerweile sind die meisten der deutschen Firmen diesem Beispiel gefolgt.

BMW suchte aber nicht nur beim Export neue Wege – man benötigte auch neue Produktionsstätten. So wurde 1983 im österreichischen Steyr das fünfte BMW-Werk in Betrieb genommen. Hier hatte man bereits 1980

Etwa eine halbe Million Exemplare wurden zwischen 1982 und 1991 von dem 318i gebaut, dessen 105 PS für eine Höchstgeschwindigkeit von 186 km/h sorgten.

Der 325iX war der erste BMW der Nachkriegszeit mit Allradantrieb, der mit 171 PS Leistung 212 km/h erreichte.

ein Entwicklungszentrum für Motoren eröffnet, dem drei Jahre später eine Produktionsstätte für Benzin- und Dieselmotoren folgte, die mittlerweile weit mehr als eine Million Triebwerke montierte. Der Grund für diese Entscheidung lag in der Erkenntnis, dass man bei BMW den Dieselmotoren eine große Zukunft prophezeite. Eine Weitsicht, die sich bewahrheiten sollte, denn der **»524td«**, der 1983 auf den Markt kam, überzeugte auf Anhieb Fachleute und Kunden mit seiner gelungenen Mischung aus Temperament und Ökonomie. Der 2,4 Liter-Sechszylinder erreichte mit der Unterstützung eines Turboladers immerhin 115 PS und 185 km/h Höchstgeschwindigkeit – und er war damit zweifellos einer der Väter der heutigen Generation von leistungsstarken Turbo-Diesel-Triebwerken.

1981 fiel am Petuelring die Entscheidung für den Bau eines neuen, zusätzlichen Pkw-Werks. Als Standort wurde Regensburg gewählt, wo am 2. April 1984 der Grundstein gelegt wurde. Seit 1987 werden in diesem hochmodernen Werk die Modelle der Dreier-Reihe produziert. Gegen Ende der 80er Jahre erwarb BMW dann noch größere Teile der Baustelle für eine atomare Wiederaufbereitungsanlage in Wackersdorf, wo mittlerweile BMW-Cabriolets gefertigt werden und in den nächsten Jahren eine Fabrik für den Bau hoch individualisierter Fahrzeuge entstehen wird. Bleibt in der Liste der Bauprojekte nur noch das 1996 im amerikanischen Bundesstaat South Carolina errichtete Werk in Spartanburg zu erwähnen, in dem Modelle der Dreier-Reihe und der 1996 präsentierte »Z3« gebaut werden.
Anfang der 80er Jahre begann die große Diskussion um die Umweltverträglichkeit des

Eine bemerkenswerte Mischung aus Ökonomie und Temperament: der 115 PS starke BMW 524td erschien 1983.

Automobils. Eine Diskussion, auf die BMW bereits 1983 anlässlich des Genfer Automobilsalons mit der Forderung nach einer raschen Einführung des bleifreien Benzins reagierte – und der im Jahr darauf die ersten europäischen Modelle mit einem geregelten Katalysator im Angebot folgen. Die Vielzahl und die Komplexität der technischen Fragen, denen sich die Industrie in immer stärkerem Maße ausgesetzt sah, führte dann dazu, dass BMW im Jahre 1984 die »Technik GmbH« gründete – eine Tochtergesellschaft, die die Aufgabe hatte (und noch heute hat), sich unabhängig von den Alltagsaufgaben mit unkonventionellen Problemlösungen für Fragen von Morgen zu beschäftigen.

Von 1986 an erfreute das neue 325i-Cabriolet die Freunde des Offenfahrens. Bis zur Produktionseinstellung im Jahre 1992 wurden nicht weniger als 78.960 Exemplare produziert.

Da das automobile Leben aber nicht nur aus der Kür, sondern auch aus der Pflicht besteht, stetig neue und bessere Modelle für das Fließband zu konstruieren, wurde 1985 das Richtfest für ein völlig neues Forschungs- und Ingenieurszentrum (FIZ) gefeiert. Mit diesem FIZ verfügt BMW über eines der modernsten Entwicklungszentren der Automobilindustrie, das mit den neuesten Computern und Techniken ausgestattet ist und in dem derzeit mehr als 5.000 Menschen arbeiten.

Der Motor des legendären M1 wanderte 1985 auch in den M5, von dem 2.180 Stück zum Preis von 80.750 Mark entstanden.

Die ersten Ergebnisse der neuen Konstruktionsmethoden waren dann 1981 mit der nächsten **Fünfer-** und 1982 bei der zweiten **Dreier-Generation** zu sehen. Zwar unterschieden sich die beiden Baureihen optisch nicht spektakulär von ihren Vorgängern, doch unter dem Blech hatte viel Feinabstimmung dazu geführt, dass die Modelle bei deutlich mehr Fahrspaß auch deutlich sparsamer geworden waren. Natürlich gab es wieder eine Vielzahl von Motorisierungsvarianten: Der Fünfer konnte mit Vier- und Sechszylindern zwischen 90 und 286 PS (als »M«-Variante der Motorsport GmbH) erworben werden, dazu gab es die sparsamen Dieseltriebwerke mit 86 und 115 PS. Und natürlich gab es auch beim Dreier die bewährte Motorpalette mit Vier- und Sechszylindern von 1,6 bis 2,5 Liter Hubraum – und die gesamte Bandbreite von 86 Diesel-PS (im »324d«) bis hin zu 200 PS (im damals 58.000 Mark teuren »M3«).

BMW überraschte seine Käufer aber auch mit drei neuen Varianten. Zuerst kam 1985 mit dem **»325iX«** eine erste 171 PS starke Allradversion, die sich zum Preis von 42.500 Mark immerhin 29.310-mal verkaufen ließ. Im Jahr darauf stand dann mit dem **»325i«-Cabriolet** ein absoluter Renner bei den Händlern, denn dieses Frischluftgefährt brachte für 43.300 Mark reichlich Eleganz in jede Garage. Und 1988 sollte schließlich noch mit den **»Touring«-Modellen** auf der Dreierbasis eine Kombivariante Premiere feiern, die einer immer stärker auf die Freizeit orientierten Gesellschaft den unauffällig verpackten Kofferraum bot, den man fürs Golfen, Surfen oder Segeln benötigte.1985 konnte BMW den 100sten Geburtstag des Motorrads und die Produktion von nicht weniger als 37.000 Motorrädern mit einer großen Party feiern.

Keine Frage, mit Bestsellern wie dem Dreier und dem Fünfer sowie der immer stärkeren Motorradproduktion hatte sich BMW zum direkten Konkurrenten der Stuttgarter, die das Unternehmen weder in den 30er noch in den 50er Jahren hatten übernehmen können, emporgeschwungen.

Ein Jahr nach dem Cabrio präsentierten die Münchner dann im August 1987 auch einen eleganten Kombi auf der Basis des Dreiers – auch diese Variante verkaufte sich auf Anhieb blendend.

Kein Wunder, dass man sich in München nun daran machte, die Marke mit dem Stern auch in der ureigensten Domäne anzugehen: mit dem Bau eines Topmodells in der Luxusklasse. Und dafür hatte man sich etwas ganz Besonderes ausgedacht – den ersten deutschen Zwölfzylinder der Nachkriegszeit.

1986 bescherte BMW seiner leistungshungrigen Klientel den M3, dessen 200 PS und 235 km/h 58.000 Mark kosteten – 17.704 Kunden konnten diesem Angebot nicht widerstehen.

Das Auto wird 100

– und BMW präsentiert einen Zwölfzylinder *1986 bis 1990*

Im Mai 1986 feierte das Automobil seinen hundertsten Geburtstag. Dazu präsentierte BMW im Münchner »Haus der Kunst« eine große Retrospektive. Im Katalog der Ausstellung war zu lesen, dass »das Automobil seit seiner Erfindung vor 100 Jahren eine stete Herausforderung für alle künstlerischen Bereiche war. Schon früh kehrte es in die Salonmalerei der Belle Epoque ein; für die Futuristen war Motorenlärm wie Musik, während sich die Dadaisten des Automobils bedienten, um in ihren zivilisationskritischen Photocollagen das Mechanistische des Menschen aufzuzeigen. Das Art Déco wiederum huldigte hemmungslos der schönen Linie, während die Pop Art das Automobil als Artikel der aufblühenden Wegwerfgesellschaft entlarvte. Fluxus und Happening banalisierten das einstige Kultobjekt, gleichzeitig huldigte der Photorealismus aufs neue dem schönen Schein.« Die Ausstellung präsentierte unter anderem

»Das Auto in der Kunst« – unter diesem Titel gab es zum 100-jährigen Geburtstag des Automobils 1986 eine große Ausstellung im Münchner Haus der Kunst, die von BMW maßgeblich unterstützt wurde.

Meisterwerke von Henri de Toulouse-Lautrec, Ernst Ludwig Kirchner, Salvador Dalí, Max Beckmann, Raoul Dufy, Fernand Léger, Tamara de Lempicka, Andy Warhol, Roy Lichtenstein, Robert Rauschenberg und James Rosenquist – um nur einige zu nennen. Die Besucher begeisterten sich für eine Kollektion, die es in dieser Form nie wieder geben sollte.

Der 750i bescherte einer überraschten Öffentlichkeit 1987 den ersten deutschen Zwölfzylinder der Nachkriegszeit. Seine 300 PS beschleunigten die vier Insassen sanft und leise auf 250 km/h Höchstgeschwindigkeit. Dann regelte die Elektronik den Vortrieb ab, denn mehr Geschwindigkeit war nicht mehr erwünscht.

BMW beschenkte 1986 aber nicht nur die Kunstfreunde mit einer außergewöhnlichen Ausstellung, sondern auch sich selbst mit einer weiteren **Siebener-Klasse,** die im Herbst präsentiert wurde. In den ersten Monaten wurde das neue Topmodell als **»730i«** und als **»735i«** mit den bewährten Reihen-Sechszylindern mit 188 und 211 PS angeboten. Aber bereits bei der Vorstellung hatte es sich bei den Freunden der weiß-blauen Marke herumgesprochen, dass die Münchner noch ein besonderes Eisen im Feuer hatten: den **»750i«** mit dem ersten deutschen Zwölfzylinder der Nachkriegszeit. Mit diesem Motor hatte BMW einen Prestigevorsprung, der der Konkurrenz aus Stuttgart natürlich schwer im Magen lag – und drei Jahre später mit dem »600 SE« und »600 SEL« beantwortet werden sollte.

Der 750i – der im März auf dem Genfer Automobilsalon Weltpremiere gefeiert hatte – verfügte über ein V-12-Triebwerk mit 5 Litern Hubraum und nicht weniger als 300 PS (oder 220 kW) Leistung. Die Techniker hatten sich Mühe gegeben, dem Kraftpaket auch ein adäquates Fahrverhalten mit auf den Weg zu geben.
Da half es schon einmal, dass der Aluminiummotor nur 240 Kilogramm wog. Dass man das 98.000 Mark teure und 250 km/h schnelle Fahrzeug auch mit einem Fünfgang-Schaltgetriebe ordern konnte (eine Viergangautomatik stand wahlweise zur Verfügung), begeisterte die Käufer besonders, schließlich existierte da noch eine schwäbische Firma, die ihren Kunden in der Topklasse nur Automatikgetriebe anbot. Wer gerne auf den bequemen Fondsitzen reiste, konnte übrigens auch zu einer um 114 Millimeter verlängerten »L«-Version greifen, die die Beinfreiheit deutlich vergrößerte. BMW hatte – wie auch manch andere Autofirma – erkannt, dass

die Zukunft den Herstellern gehören würde, die neben den reinen Automobilen auch die Technologie anbieten können, um diese Gefährte in allen Verkehrs- und Umweltsituationen am Laufen zu halten. Dafür riefen die Münchner 1986 zusammen mit zwölf anderen Herstellern das Projekt **»Prometheus«** ins Leben, das es sich zur Aufgabe gestellt hatte, moderne Verkehrsführungskonzepte zu erarbeiten. Das bedeutete, dass nicht nur die Peripherie der Fahrzeuge mit technischen Mitteln erweitert, sondern auch die Infrastruktur der Verkehrswege ausgebaut werden sollte. Die Forschungsarbeiten teilten sich in zwei Schwerpunkte: Zum einen sollte der Autofahrer durch elektronische Zusatzsysteme Fahrhilfen bekommen, zum anderen war an einen Ausbau der Verkehrsleitsysteme gedacht. Die dafür nötige Grundlagenforschung ist mittlerweile in die ersten fassbaren Resultate umgewandelt worden. Unter anderem werden mittlerweile Abstandswarngeräte auf der Basis der Radartechnik oder Navigationssysteme angeboten, die auch Zusatzinformationen wie beispielsweise den Ort der nächstgelegenen Tankstelle oder einen auf dem geplanten Fahrtweg liegenden Stau melden.

Der bis zu 320 PS starke M3 wurde zu einem der erfolgreichsten Rennwagen aller Zeiten. Er dominierte die Tourenwagen-Wettbewerbe nach Belieben, die Zahl der gewonnenen Pokale ging in die Tausende.

1986 waren aber all diese Überlegungen noch schiere Zukunftsprojekte, die manchen Beteiligten wie Erzählungen aus einem Science-fiction-Roman erschienen. Deshalb zeigten die Ingenieure der Öffentlichkeit auch lieber andere Entwicklungen, die bereits in Serienfahrzeugen erworben werden konnten: beispielsweise die elektronische Dieseleinspritzung oder die umfassende On-board-Diagnose, die nun in allen Fahrzeugen zur Verfügung

Für den ersten BMW-Zwölfzylinder hatte die Kundschaft 98.000 Mark zu bezahlen – und für diese Summe wurde Luxus pur geboten.

Ende 1987 stellte BMW eine neue Fünfer-Generation vor, deren elegante Optik auf Anhieb Gefallen fand – und die in großen Stückzahlen verkauft wurde.

stand. Ein weiteres neues Feature war das elektronische Gaspedal, mit dessen Hilfe die Lust des Fahrers oder der Fahrerin auf Vollgas gezügelt wurde – denn hier sorgte die Elektronik auch bei einem kräftigen Tritt aufs Gaspedal dafür, dass der Motor nur so viel davon akzeptierte, dass eine optimale Beschleunigung eintrat. Der Überschuss an Temperament wurde also von der Elektronik erst gar nicht zur Kenntnis genommen, was die Verbrauchswerte drastisch reduzieren half.
Klar, dass man für die vielen Neuentwicklungen auch ein weiteres Testgelände benötigte, das BMW im Sommer 1987 in Form einer ehemaligen Rennstrecke im südfranzösischen Miramar fand und erwarb.

Natürlich vernachlässigten die Bayern über all den neuen Modellen auch nicht den Motorsport. Sie setzten – zusammen mit den Tunern und Privatkunden – zuerst einmal auf das **635 CSi-Coupé**, das von 1983 an hauptsächlich bei der Tourenwagen-Europameisterschaft für Siege und Titel sorgte. 1986 ergänzte dann der wendigere **325i** das große Coupé, und im Jahr darauf kam mit dem **»M3«** ein handliches Kraftpaket ins Spiel, das in den darauf folgenden Jahren der Konkurrenz das Fürchten lehren sollte. Der Vorstand hatte der Motorsport GmbH die Gelder zur Verfügung gestellt, die nötig waren, um auf der Basis des Dreiers ein konkurrenzfähiges Fahrzeug der Gruppe A zu konstruieren.

Der M3 war die logische Fortsetzung zum 635 CSi, da er mithilfe der Vierventiltechnik aus 2 Litern Hubraum rund 300 PS zur Verfügung stellte, die das leichte Fahrzeug in dieselben Geschwindigkeitsbereiche katapultierten, die auch das deutlich schwerere Coupé erreichte. Wie gut der neue Rennwagen tatsächlich war, bewies er bereits im ersten Einsatzjahr, als der M3 für BMW die neu ausgeschriebene Tourenwagen-Weltmeisterschaft gewann. Dass die Motorsportbehörden diesen WM-Titel nur 1987 ausschrieben und BMW sich damit ein nur einmal vergebenes Prädikat holte, wurde aber erst während der Rennsaison klar. Der M3 war ein derart perfektes Fahrzeug, das in den darauf folgenden Jahren so viele Siege und Titel holte, dass diese Erfolgsstory ein eigenes Buch füllen würde. Siege, die sich nicht nur auf der Rundstrecke, sondern auch bei Rallyeläufen und bei Eisrennen einstellten.

Der BMW Z1 war zuerst nur als Studie gedacht (oben) – doch dann konnten sich 8.000 Kunden für den ungewöhnlichen Roadster begeistern (unten).

Im September 1987 war dann das erste Produkt der am 1. Januar 1985 in Betrieb genommenen Technik GmbH auf der Autoausstellung in Frankfurt zu betrachten. Das Ergebnis begeisterte Motorjournalisten und potenzielle Kunden gleichermaßen:
Der Roadster mit der schlichten Bezeichnung »**Z1**« erfüllte die Hauslosung »Freude am Fahren« in ungeahnter Perfektion.
Die Designer und Techniker hatten ihr Gefährt unter dem Titel »Freiheit auf vier Rädern« definiert, und das Ergebnis war ein schmucker Zweisitzer mit bislang noch nie gesehenen Hubtüren, die sich nach unten in die breiten Schweller versenken ließen.

Im Oktober 1988 konnten die ersten Fahrzeuge gefahren werden, und die Reaktionen der Presse waren überschwänglich:

So schrieb die »Süddeutsche Zeitung« über den Z1: »Kann denn ein Sportwagen mit nur knapp bemessenem Kofferraum, der nur über ein dürftiges, dünnes Stoffdach verfügt und dessen Zuladung von 210 Kilogramm klar andeutet, daß das Gepäck am besten mit der Scheckkarte vor Ort erworben werden sollte, überhaupt 83.000 Mark wert sein? Das gleicht eindeutig der Frage, ob der Mensch tatsächlich Champagner braucht.«

Der Z1 trug entscheidend zu dem Revival der Roadster bei – und er ließ sich sogar deutlich besser verkaufen, als es die Marketingspezialisten prophezeit hatten: Glatte 8.000 Exemplare wurden zum oben genannten stolzen Preis an den Mann und auch an viele Frauen gebracht. Das letzte veredelte dann der Künstler A. R. Penck zum elften Art-Car.

Die Welt fragte aber nicht nur nach einem offenen Spielzeug, sondern auch nach einem **neuen Fünfer**, der Ende 1987 erstmals zu betrachten war und von 1988 an bei den Händlern stand (übrigens in dem Jahr, in dem BMW auch in Moskau seine erste offizielle Werkstatt eröffnete). Die dritte Fünfer-Generation verdankte ihre glatten und fließenden Linien der konsequenten Feinarbeit im Windkanal. Formen, die bei den Käufern offensichtlich gut

Der letzte gebaute rote Z1 mit der Fahrgestellnummer 8.000 wurde von dem Künstler A. R. Penck mit schwarzen Bildern und Symbolen bemalt, die »nur vermeintlich einfach« sind – so sagte es jedenfalls der Künstler.

ankamen, denn die Verkaufszahlen marschierten von Anfang an in die höchsten Höhen. Die »Auto-Zeitung« schrieb in ihrem Testbericht: »Der Fünfer verdankt seine Anziehungskraft nicht nur dem eleganten Styling, vielmehr heben ihn die deutlich über dem Durchschnitt liegenden Fahreigenschaften in satte Verkaufshöhen.«

Zum Einsatz kamen anfänglich der **»520i«** mit 129 PS Leistung zum Preis von 43.800 Mark, der **»525i«** mit 170 PS (53.000 Mark), der **»530i«** mit 188 PS (57.600 Mark) und der **»535i«** mit 211 PS (66.000 Mark). Eine Mischung, die sich 1990 mit der Einführung der 2,0- und 2,5-Liter-Motoren mit zwei oben liegenden Nockenwellen und Vierventiltechnik etwas verschieben sollte, denn die neuen Triebwerke boten nun 150 und 192 PS Leistung. Wie nicht anders zu erwarten, bekam die neue Modellreihe im Laufe der Jahre natürlich auch noch andere Varianten zur Seite gestellt – so wurde 1988 der **»524td«** mit 115 PS Leistung nachgereicht, dem dann 1991 der **»525tds«** mit 143 PS zur Seite gestellt wurde. Zwar mussten für dieses Diesel-Modell 52.700 Mark bezahlt werden, andererseits stieß diese Variante mit 207 km/h in Geschwindigkeitsbereiche vor, die nur die wenigsten einem Selbstzünder zutrauten.

BMW ließ es sich nicht nehmen, noch zwei ganz spezielle Varianten zu entwickeln: Da war zuerst der 1988 erstmals präsentierte **»M5«,** der als echtes Geschöpf der Motorsport GmbH den wunderschönen Reihen-Sechszylinder mit zwei oben liegenden Nockenwellen und 24 Ventilen unter der Haube verbarg. Der nunmehr 3.535 ccm große Motor leistete bei 6.900/min nicht weniger als 315 PS oder 232 kW, die das nur 1.670 Kilogramm schwere Gefährt in die Beschleunigungswerte eines Porsche trieben.
Dass dieser Traum auf vier Rädern mit 101.800 Mark nicht gerade billig war, mussten die M5-Freunde akzeptieren, dennoch ließen sich 9.892 Personen nicht davon abhalten, bis zur Produktionseinstellung im Jahre 1992 einen dieser größtenteils handgefertigten Wagen zu kaufen.

Im Januar 1992 bekam der mittlerweile zur Legende gereifte M5 einen auf 3,8 Liter Hubraum vergrößerten Sechszylinder, dessen 340 PS keine Wünsche mehr offen ließen – außer vielleicht dem, sechs Richtige im Lotto zu haben, um sich einen M5 kaufen zu können.

1000cc
K1
ABS

1000cc
M
K1
ABS
K1

Die Freunde des Allradantriebs mussten allerdings bis 1991 warten, bis sie den 65.750 Mark teuren »**525iX**« mit 192 PS Leistung und 220 km/h Höchstgeschwindigkeit bei ihren Händlern erstmals betrachten konnten. 1989 produzierten die Bayerischen Motoren Werke erstmals mehr als 500.000 Fahrzeuge und erwirtschafteten einen Umsatz von 20 Milliarden Mark.

In diesem Jahr kamen auch noch zwei neue Modelle auf den Markt: Die Berliner Motorradspezialisten zeigten mit der »**K1**« ein neues Spitzenmodell, bei dem die Verkleidungsaerodynamik unter Einbeziehung der Vorderradabdeckung für reichlich Diskussionsstoff sorgte. Weniger diskutiert wurde hingegen über die Fahrleistungen, die der 100 PS starke Reihen-Vierzylinder lieferte. Mit 230 km/h Höchstgeschwindigkeit gehörte die 20.200 Mark teure K1 zu den schnellsten Motorrädern. Dieses unge-

Gegenüberliegende Seite: Im September 1988 stellte BMW auf der IFMA in Köln die neue »K 1« als Topmodell des Hauses vor. Mit 100 PS Leistung, die bei 8.000/min abgegeben wurden, erreichte dieses Motorrad zum Preis von 20.200 Mark 230 km/h.

Ein großes Werk in einer großen Stadt: In München-Milbertshofen stehen neben dem Verwaltungsgebäude und der Museumsschale mit dem großen Emblem auch die Produktionshallen.

wöhnliche Zweirad sollte dann 1991 als erste Serienmaschine der Welt auch mit einem Antiblockiersystem und einem geregelten Katalysator ausgestattet werden.

Die Liebhaber großer und eleganter Coupés konnten hingegen zum **»850i«** greifen, der – relativ kurz nach der Produktionseinstellung der erfolgreichen Sechser-Baureihe – die Tradition der klassischen Langstreckenfahrzeuge fortsetzte. Der 850i konnte im September 1989 erstmals auf der IAA in Frankfurt besichtigt werden und stand kurz darauf bei den Händlern.
Wie die Typbezeichnung klarstellte, arbeitete unter der riesigen Motorhaube der aus dem 750i bekannte Zwölfzylinder, dessen 300 PS das elegante Coupé auf glatte 250 km/h beschleunigten.
Mehr wurde dem 2+2-Sitzer nicht gestattet, da sich die deutsche Automobilindustrie bereits seit einigen Jahren darauf geeinigt hatte, diese Grenze mit ihren Serienfahrzeugen nicht mehr zu überschreiten. Eine Regelung, an die sich bis heute alle großen Firmen – mit der Ausnahme von Porsche – halten.

Mit dem 850i bauten die Bayern vom September 1989 an ein neues Gran-Tourismo-Coupé der Top-Klasse, das allerdings seinen Preis hatte.

Der 850i war mit 135.000 Mark Kaufpreis nicht gerade billig, er bot aber – neben dem exzellenten Zwölfzylinder – eine völlig neu konstruierte Integrallenker-Hinterachse und ein Anti-Schlupf-Control-System, mit dessen Hilfe das Durchdrehen der Räder bei Nässe nicht mehr möglich war. Wie

beim 750i hatte der Käufer auch beim 850i die Wahl zwischen einer Getriebeautomatik und einem handgeschalteten Getriebe mit nicht weniger als sechs Vorwärtsgängen.

Nach vielen Jahren der Abstinenz kehrte BMW 1990 durch die Gründung der »BMW Rolls-Royce GmbH« wieder zu den Wurzeln der Flugmotorenherstellung zurück. Parallel zu diesen neuen Schritten in ein altes Geschäftsfeld mit einer faszinierenden Historie gab es bei BMW in diesem Jahr aber noch zwei weitere wichtige Meilensteine zu feiern: Erstens wurde im Sommer in München das für 5.000 Ingenieure und ihre Teams konzipierte Forschungs- und Ingenieurszentrum (FIZ) eingeweiht, das zu den modernsten und innovativsten Forschungszentren dieser Erde gehört – und in Eisenach konnte der Grundstein für das achte Werk gelegt werden, in dem seit 1992 Großwerkzeuge für das Gesamtunternehmen gefertigt werden.

Zu Beginn der 90er Jahre präsentierte sich das Haus BMW – wie eigentlich bereits seit Jahren – auch weiterhin in blendender Form: Die Modellreihen liefen hervorragend, alljährlich konnten neue Produktions- und Umsatzrekorde vermeldet werden, und die Käufer schätzten ihre Marke mehr denn je. Ein schönes Indiz für diese hohe Werteinschätzung bot zweifellos die Wahl des »besten Autos der Welt«, die die Fachzeitschrift »auto, motor und sport« alljährlich mit ihren Leser veranstaltet.
Im Jahre 1990 wählten ebendiese Leser sowohl den Dreier als auch den Fünfer und den Siebener in ihren Klassen klar auf Rang Eins – und damit konnten die Münchner ihre Siegespokale zum dritten Mal in Reihe abholen.

Folgende Doppelseite: Im Sommer 1990 wurde mit dem Forschungs- und Ingenieurszentrum (FIZ) eines der modernsten Forschungszentren der Automobilindustrie weltweit eingeweiht. Hier konstruieren 5.000 Ingenieure zusammen mit ihren Teams die BMW-Fahrzeuge der Zukunft.

Eine der großen Reiselimousinen dieser Erde: der Siebener von BMW.

Auf dem Weg zur Weltmarke

1991 bis 2000

Eine der lustvollsten Möglichkeiten, einen Dreier zu fahren, bietet zweifelsohne das Cabriolet – hier die Variante, die im November 1992 Weltpremiere feierte und bis zum Herbst 1999 bei den Händlern stand.

1990 stand wieder einmal die Präsentation einer neuen Dreier-Reihe an. Einmal mehr hatten die Designer und Techniker sich lange und intensiv mit der Frage beschäftigt, wie man ein ziemlich perfektes Automobil – von dem in sämtlichen Baureihen bereits mehr als 4,5 Millionen Exemplare verkauft worden waren – noch besser machen könnte. Das Ergebnis war eine sehr kompakte und dennoch elegante Limousine, bei der sich an der technischen Grundauslegung mit dem vorne liegenden Motor und dem Heckantrieb nichts verändert hatte. Die Frontpartie war durch die Doppelscheinwerfer geprägt, die nun hinter einer durchgehenden Verglasung verborgen waren. Der Rest der Karosserie

überzeugte durch die typische BMW-Linie, die das neue Modell auf Anhieb als BMW erkennen ließ. Die Bayern starteten die dritte Dreier-Reihe im Oktober 1990 mit der viertürigen Limousine, die mit zwei Vier- und zwei Sechszylindern mit 1,6-, 1,8-, 2,0- und 2,5-Liter Hubraum und Leistungen zwischen 100 und 170 PS ausgestattet war. Wie nicht anders zu erwarten, verkaufte sich das neue Modell auf Anhieb blendend, wozu aber auch die Komplettausstattung mit geregeltem Dreiwegekatalysator, Drehzahlmesser, Zentralverriegelung oder Servolenkung beitrug.

Der Automobilmarkt hatte sich im Laufe der Jahre verändert. Der Drang zum Individualismus war stärker denn je, deshalb hatten alle Hersteller damit begonnen, ihre Modellpaletten mit immer mehr Ausstattungs- und Motorisierungsvarianten zu vergrößern und attraktiver zu gestalten.

Natürlich kannte die BMW GmbH die Wünsche ihrer leistungshungrigen Kundschaft – und so kam 1994 das M3-Cabriolet mit nicht weniger als 286 PS auf den Markt. Das Produktionsende kam dann im Jahr 2000.

Ein Trend, dem sich eine Firma wie BMW nicht entziehen konnte und wollte. Deshalb bekam die Dreier-Limousine im Laufe der nächsten Jahre nahezu zwangsläufig immer wieder neue Varianten zur Seite gestellt: 1992 erschien das bemerkenswert elegante **Coupé** zuerst mit den aus der Limousine bekannten Triebwerken, dem im Juni 1993 die **»M3«-Variante** folgte. Im März 1993 stand dann das neue **Dreier-Cabrio** bei den

Ein Sechszylinder in zwei verschiedenen Karosserien – der M3 wurde auch als viertürige Limousine (u.) und als zweitüriges Coupé geliefert (o.).

Händlern, auch dies ein sicherer Sieger im Marktsegment der Cabriolets – während die Kombiversion, die wie stets auf die Bezeichnung **»Touring«** hörte, von 1995 an angeboten wurde.

Selbstverständlich ließ es sich auch die Motorsport GmbH nicht nehmen, auf der Basis des neuen Dreiers wieder einen **M3** auf die Räder zu stellen, der in der ersten Produktionsphase auf dem zweitürigen Coupé basierte. Mit 250 km/h Höchstgeschwindigkeit und einem 3-Liter-Sechszylinder mit 286 PS oder 210 kW Leistung stellte er auch die anspruchsvollsten Kunden zufrieden. Auch wussten die Spezialisten der Marketing-Abteilung, dass es Freunde der »M«-Baureihe gab, die sich nur allzu gerne an das alte M3-Cabrio und dessen faszinierende Mischung aus Frischluft und Leistung erinnerten. Für diese Käuferklientel kam 1994 ein neues **M3-Cabrio** auf den Markt. Und wer des Öfteren mit etwas mehr Familie unterwegs war und dennoch nicht auf seine 286 PS verzichten mochte, konnte von 1995 an die viertürige **M3-Limousine** bei seinem Händler ordern.

Wie so oft war aber auch beim M3 das Bessere der natürliche Feind des Guten, und so wechselte im Sommer 1995 ein neuer, auf 3,2 Liter Hubraum vergrößerter Sechszylinder mit nunmehr 236 kW oder 321 PS unter die Motorhaube. Zwar brachten die zusätzlichen Pferdestärken kein

Mehr in der Höchstgeschwindigkeit, die wie eh und je auf 250 km/h limitiert war, aber sie sorgten für eine noch bessere Beschleunigung (Null auf 100 km/h in 5,5 Sekunden) und für niedrigere Verbrauchswerte. Da es eine große Nachfrage nach immer stärker individualisierten Fahrzeugen gab, nahm auch die Zahl der von der M GmbH (wie das Unternehmen mittlerweile umgetauft worden war) nach persönlichem Geschmack umgebauten Fahrzeuge immer weiter zu. In diesem Geschäftsbereich gibt es praktisch keine Limits, was Farben, Stoff- oder Lederkombinationen oder technische Ausrüstungen betrifft – eigentlich kann jeder Wunsch erfüllt werden, sofern er technisch realisierbar ist, den Zulassungsverordnungen der Behörden entspricht und der Kunde den entsprechend hohen Scheck ausfüllen kann.
So sind in den Hallen der M GmbH auch bereits kanariengelbe 850 CSi-Coupés oder mit Fax- und Fernsehgeräten ausgestattete rollende Büros auf der Basis der Siebener-Reihe entstanden. Andere Kunden ließen sich ihr Dreier-Cabrio mit edelsten Wurzelhölzern ausstatten.
Den Rekord stellte aber zweifellos ein Schweizer auf, der sein 850i-Coupé mittlerweile bereits mit der dritten speziell für ihn entworfenen Innenausstattung versehen ließ, obwohl der Wagen mittlerweile etwa 200.000 Kilometer auf dem Buckel hat.

Automobilhersteller, die – wie BMW – über vier verschiedene Modellreihen verfügen, sind heute mehr denn je gezwungen, ihr Angebot permanent zu überarbeiten und zu ergänzen. Der harte Konkurrenzkampf zwingt sie dazu, der umworbenen Kundschaft immer wieder Neues anzubieten, und so wurden auch die letzten Jahre bei den Münchnern immer hektischer: Wer sich beispielsweise am Wochenende gerne zum Skilaufen in die Berge begab oder auf dem Land wohnte (oder schlicht und einfach auf noch mehr Fahrsicherheit Wert legte), konnte vom Herbst 1991 an zu einer Allradvariante mit der Typbezeichnung **»525iX«** mit 192 PS Leistung greifen. Wer deutlich mehr Leistung haben wollte, konnte aber auch wieder – zum stolzen Preis von 129.000 Mark – zu einem **»M5«** greifen, der mit 340 PS oder 250 kW Leistung mehr als ausreichend motorisiert war. Als besondere Überraschung gab es dieses Topmodell der Motorsport GmbH aber auch als **»Touring«-Version** – eine Mischung aus Leistung und Stauraum, die im deutschen Angebot ziemlich einmalig war. Im Mai 1992 bekam der Fünfer dann auch eine Kombiversion mit dem Namen **»Touring«** zur Seite gestellt.

Einer der stärksten und alltagstauglichsten Superwagen unserer Tage: Der M5 verband die Fahrleistungen eines Porsche mit dem Raumangebot einer viertürigen Limousine.

Der 850 CSi war das Topmodell der Achter-Reihe – sein 5,4 Liter großer Zwölfzylinder lieferte nicht weniger als 326 PS.

Im Jahre 1992 präsentierte BMW schließlich auch noch eine völlig neue Motorengeneration. Zum ersten Mal seit den 60er Jahren war wieder ein Achtzylinder entwickelt worden, der mit vier oben liegenden Nockenwellen und vier Ventilen pro Zylinder über die feinste Technik verfügte. In der ersten Ausbaustufe war der Motor mit 3 Liter (218 PS / 160 kW) und 4 Liter (286 PS / 210 kW) Hubraum zu bekommen – später sollten die Triebwerke auf 3,5 Liter (235 PS / 173 kW) und 4,4 Liter Hubraum vergrößert werden, wobei sich bei der 4,4-Liter-Variante zwar nichts an der PS-Zahl änderte, dafür aber das Drehmoment wuchs. Diese Motoren, die im Laufe der Jahre die bewährten Reihen-Sechszylinder ersetzen sollten, überzeugten durch ihre unglaubliche Laufruhe – bei vergleichsweise moderaten Verbrauchswerten. Im Laufe der nächsten Monate kamen diese Achtzylinder sowohl im Fünfer als **»530i«** und **»540i«**, als auch im Siebener als **»730i«** und **»740i«** zum Einsatz.

Der Pariser Autosalon brachte im Oktober 1992 auch die Weltpremiere der Top-Version des Achters. Hinter dem vergleichsweise schlichten Kürzel **»850 CSi«** verbarg sich hier ein auf 5,4 Liter Hubraum aufgebohrter Zwölfzylinder, der nun 381 PS oder 280 kW lieferte – und diesen Achter zu einem der beeindruckendsten Grand-Tourisme-Fahrzeuge unserer Tage machte, der lange Autobahnstrecken wie im Fluge hinter sich brachte. Für die Beschleunigung von Null auf 100 km/h benötigt das BMW-Spitzenmodell trotz seiner 1.880 Kilogramm Leergewicht nur 6,3 Sekunden – wobei die serienmäßige Fünfgang-Automatik mit der adaptiven Getriebesteuerung auch über eine Steptronic verfügt, bei der der Fahrer oder die Fahrerin die Gangwahl aktiv steuern kann. Dafür muss nur der Wählhebel aus der »D«-Stellung nach links in eine zweite Ebene geführt werden, in der dann durch ein kurzes Antippen des Hebels nach vorne oder nach hinten hoch- oder zurückgeschaltet wird.

Der 840 Ci war gewissermaßen das Einstiegsmodell zu den Achter-Coupés – dennoch erreichte auch diese Achtzylinder-Version natürlich 250 km/h.

1994 wurde der neu entwickelte Achtzylinder in dieses elegante 2+2-Coupé verpflanzt. Das ebenfalls 250 km/h schnelle Ergebnis trug die Bezeichnung **»840 Ci«**. Bei dieser Achter-Variante, die den Spurt zur 100-km/h-Grenze in 6,6 Sekunden bewältigt, ist ein Sechsgang-Schaltgetriebe serienmäßig, dessen sechster Gang als Schongang ausgelegt war, um bei hohen Dauergeschwindigkeiten auf der Autobahn die Drehzahlen zu reduzieren. Wer aber auf die Freuden der Handschaltung verzichten wollte, konnte natürlich auch zu einer elektronisch-hydraulisch gesteuerten Fünfgang-Automatik greifen.

Träume hatten bei BMW schon immer eine große Rolle gespielt, daher erstaunt es nicht, dass sich die Motorsport GmbH zu Anfang der 90er Jahre bereiterklärte, die renommierte Formel 1-Schmiede McLaren und deren Technik-Guru Gordon Murray bei dem Bau des ultimativen Sportwagens mit einem adäquaten Motor zu unterstützen. Da traf es sich gut, dass man bereits einen Achter-Prototyp – der auf den Namen »M8« hätte hören sollen – mit einer Viernockenwellen-Variante des Zwölfzylinders ausgestattet hatte. Dieses bärenstarke Triebwerk wurde nun für das schlicht **»F1«** genannte McLaren-Projekt zur Serienreife entwickelt. Das Ergebnis feierte im Mai 1992 beim »Großen Preis von Monaco« Weltpremiere. Der Kaufpreis von 1,5 Millionen Mark schränkte die potenzielle Kundschaft zwar etwas ein, doch die reinen Fahrleistungen des ersten Sportwagens der Welt, der komplett in Karosserie und Chassis aus Kohlefaser-Verbundwerkstoffen gefertigt wurde, überzeugte die wenigen Auserwählten reichlich: Null auf 160 km/h in 6,8 Sekunden und eine Höchstgeschwindigkeit von 371 km/h waren selbst im Formel-1-Bereich nur selten anzutreffen. McLaren-Chef Ron Dennis: »Im Bereich über 240 km/h beschleunigt der F1 besser als unser MP4/8, das Dienstauto des unvergessenen Ayrton Senna.«

Einer der teuersten Sportwagen aller Zeiten – der 1,5 Millionen Mark teure McLaren F1 mit einem 607 PS starken BMW-Zwölfzylindertriebwerk war zuerst nur als Straßenwagen gedacht. Dann entdeckten ihn ein paar Rennfahrer als ultimatives Sportgerät – und schon gewann der F1 1995 die »24 Stunden von Le Mans«.

Der auf knapp 6,1 Liter Hubraum vergrößerte Zwölfzylinder leistete als Beitrag des Hauses BMW zu diesem ultimativen Sportwagen bei 7.500/min unglaubliche 607 Pferdestärken – während bei 5.600/min nicht weniger als 650 Newtonmeter Drehmoment anlagen. Zusammen mit einem Leergewicht von nur 1.030 Kilogramm hatte hier jedes PS nur 1,69 Kilogramm zu beschleunigen; ein Wert, der nur bei den wenigsten Rennwagen erreicht wird – und die wenigen Glücklichen, die diesen Wagen bewegen durften, zu Freudenschreien hinriss. Natürlich wurde dieses sündhaft teure High-Tech-

Mit dem Compact verfügte BMW von April 1994 an über eine verkürzte Dreier-Variante, die besonders von Singles und zweiköpfigen Familien seit langem gefordert worden war. Hier die besonders temperamentvolle 323ti-Variante.

Paket nur in kleinsten Dosen verkauft. Exakt 106 Exemplare sind es letztlich geworden, doch schon diese wenigen Gefährte sichern dem F1 einen Platz in der Spitzengruppe der aufregendsten Fahrzeuge aller Zeiten.

Große Konzerne können nur überleben, wenn sie in der Lage sind, möglichst die gesamte Bandbreite der automobilen Wünsche abzudecken. Daher entschlossen sich die Münchner in den frühen 90er Jahren, auf der Basis des Dreiers ein besonders kompaktes Fahrzeug zu entwickeln, das von April 1994 an unter der Bezeichnung **»compact«** bei den Händlern stand. Dieser neue kleine BMW war nur noch 4,21 Meter lang, aber hinter den beiden ausladenden Türen verbarg sich ein erstaunlich großer Innenraum, der auf kürzeren Strecken auch als Viersitzer zu gebrauchen war. Doch die meisten Käuferinnen und Käufer dürften dieses Modell eher für das Leben alleine oder zu zweit einsetzen und sich an der riesigen Heckklappe erfreuen, unter der alle Hobbyutensilien problemlos Platz finden. In der ersten Stufe wurde der **»316i compact«** zum Preis von 33.000 Mark an die Verkaufsfront gebracht. Hier leistete der Reihen-Vierzylinder 102 PS oder 75 kW, was für muntere 188 km/h reichte – doch die Verantwortlichen wussten natürlich, dass die BMW-Klientel stets an mehr Leistung interessiert war. So kam dann der **»318ti compact«** mit 140 PS oder 103 kW auf den Markt, der mit seinen 202 km/h Höchstgeschwindigkeit erfolgreich an der 200-km/h-Grenze knabberte.
Wer aber den kleinsten BMW besonders sparsam bewegen wollte, konnte zum **»318tds«** greifen, der mit seinen 90 Diesel-PS (66 kW) immerhin 175 km/h erreichte und sich für die Beschleunigung zur 100-km/h-Grenze 13,9 Sekunden Zeit nahm. Dank der modernen Dieseltechnik – immerhin verfügt der 1.665 ccm große Vierzylinder über einen Abgasturbolader und einen Ladeluftkühler – ließ sich diese Variante ihre Arbeit mit 6,2 Liter Treibstoff auf 100 Kilometer im DIN-Verbrauch bezahlen, was realistischen Verbrauchswerten zwischen sechs und neun Litern entsprechen dürfte.

Nachdem die Motorsport GmbH im Frühjahr 1997 einen **»M compact«**-Prototyp mit 321 PS Leistung gezeigt hatte, spekulierte alle Welt natürlich auf ein derartiges Kraftpaket. Doch es sollte zum großen Bedauern vieler leistungshungriger BMW-Fans bei diesem Einzelstück bleiben.

Stattdessen erblickte im Sommer 1997 der **»323i compact«** das Licht der Welt, bei dem der 2,5-Liter-Sechszylinder mit der Vierventiltechnik mit 170 PS (125 kW) für mehr als ausreichend Temperament sorgte – und stramme 230 km/h Höchstgeschwindigkeit bereitstellte.
Die Ziffernkombination 323i verhieß aber auch eine Beschleunigungszeit in 7,8 Sekunden von Null auf 100 km/h. Übrigens sollte man sich bei den 323i-Modellen nicht von dem Typschild täuschen lassen – hier arbeitet unter der Motorhaube kein 2,3-, sondern ein 2,5-Liter-Aggregat.

BMW selbst definierte dieses Auto als »ein Modell, das es bisher in der Klasse der kompakten Limousinen nicht gab. Der in Laufkultur und Leistungsbereitschaft, Ökonomie und Ökologie unübertroffene Reihen-Sechszylindermotor in Kombination mit dem fahrdynamisch optimalen Hinterradantrieb macht den betont sportlichen 323 ti zu einer neuen Größe in diesem Marktsegment.«

Die große Sensation des Jahres 1994 war aber zweifellos die Übernahme der britischen Firma Rover, von der alle Spezialisten geglaubt hatten, dass sie in den Besitz der japanischen Firma Honda übergehen würde. Der Grund für diese Spekulation lag in der Tatsache begründet, dass Rover in den vergangenen Jahren seine Motoren von Honda bezogen hatte – und dass die beiden Häuser auch Modelle entwickelt hatten, die sowohl unter dem Rover- als auch (mit einem anderen Kühlergrill) unter dem Honda-Label angeboten wurden. Honda hatte jedoch alle Kaufangebote abgelehnt, da man die Meinung vertrat, dass es vielleicht böses Blut geben würde, wenn eine der ältesten britischen Firmen von einem japanischen Unternehmen übernommen werden würde.

So ergriff BMW die Chance, sich mit dem Kauf dieser Firma eine interessante Modellpalette aneignen zu können, deren Entwicklung im

Das ideale Auto für das Leben zu zweit: Der 323 ti bietet stadtfreundliche Abmessungen und BMW-typische Leistung.

eigenen Hause deutlich mehr als den Kaufpreis von einer Milliarde Mark gekostet hätte. Zum Rover-Konzern gehörten nämlich – neben den Limousinen und Cabrios der Stammmarke – auch Produkte und Produktnamen wie der legendäre »**Mini**« oder die erfolgreichen »**Land Rover**«- und »**Range Rover**«-Geländewagen. Rover besaß zudem noch attraktive Namen wie »**MG**« (hier sollte zwei Jahre später der neue »MG-F« fertig entwickelt sein) oder derzeit ruhende Labels wie beispielsweise »**Wolsley**«.

Im September 1997 zeigten die Bayern auf der IAA in Frankfurt erstmals eine Studie, die dem neuen Mini bereits sehr ähnlich sieht, der im Jahr 2001 in den Verkauf kommen sollte.

Dass diese mutige (und damals nur von wenigen Kritikern in Frage gestellte) Entscheidung im Laufe der nächsten Jahre zu der größten BMW-Krise seit den 50er Jahren führen sollte, konnte damals jedoch noch niemand ahnen – Rover war nämlich nicht nur in einem schlechteren Zustand, als es die Käufer ahnten, sondern es fehlte auch der Wille der britischen Regierung, durch die Anbindung der englischen Währung an den Euro für einen vernünftigen Wechselkurs zu sorgen. So sollten sich in den darauf folgenden Jahren Verluste in Milliardenhöhe ansammeln, die letztlich an die Substanz des Mutterhauses gingen – doch davon später mehr.

Im September 1997 gab BMW dann auf der IAA den ersten Blick auf den neuen »**Mini**« frei, der vom Jahr 2001 an die Nachfolge des heiß geliebten

Der Z07 war erstmals im Oktober 1997 auf der Tokyo Motor Show zu betrachten – nach den enthusiastischen Kritiken beschloss BMW dann ihn im Frühjahr 2000 als Z8 der Presse vorzustellen.

Ur-Minis antrat. Der neue Mini, dessen Vorgänger sich seit seiner Markteinführung im Jahre 1959 zu einer Legende entwickelt hatte, verfügt über dieselben Proportionen des nur 3,05 Meter langen Vorbilds – geriet aber um 45 Zentimeter länger. Der Grund für die Streckung: Mit dem gewachsenen Radstand sollten nun auch vier groß gewachsene Insassen bequem und sicher reisen können. Bei der Antriebstechnik änderte sich auch nicht viel – warum sollte man auch auf den bewährten Frontantrieb, den quer stehenden Vierzylinder und die weit außen positionierten Räder verzichten, die die Handlichkeit und die Agilität bereits beim Vorgänger sicherten? Für den Vortrieb wurden zuerst zwei Triebwerke mit 1,4 und 1,6 Liter Hubraum angedacht – Realität wurde dann jedoch ein 1,6 Liter-Motor.

Mit dem Kauf von Rover verfügten die Bayern nun über etliche attraktive und eingeführte Namen, mit denen der Konzern neue Marktsegmente besetzen wollte – dass Rover mit viel Geld auf einen höheren Entwicklungs- und besseren Produktionsstand gebracht werden musste, war dem damaligen Vorstand unter dem neuen Vorstandsvorsitzenden **Bernd Pischetsrieder** durchaus klar. Und so machte sich das Unternehmen daran, diese Fusion mit Leben zu erfüllen.

Aber man arbeitete natürlich auch an der Weiterentwicklung des BMW-Modellprogramms: Wie bereits beschrieben, boten die 90er Jahre ein stetes

Distinguiert und elegant: Die vorletzte Siebener-Generation verzichtet auf äußerlichen Glamour – hier sind die Qualitäten unter dem Blech verborgen.

Besonders die asiatischen Händler verlangten nach der Longwheelbase-Variante des Siebeners, in die zumeist komplette Büroausstattungen eingebaut wurden.

Modell-Wechselspiel zwischen kleinen und großen Baureihen – so folgte auf den erfolgreichen compact im Mai 1994 einmal mehr eine neue **Siebener**-Generation, die nach dem großen Designschritt ihres immerhin 310.000-mal verkauften Vorgängers eher der Maxime »Evolution statt Revolution« folgte. Die neue Optik umhüllte auch eine völlig neue Technik, die mehr Komfort und Sicherheit denn je realisierte. Deshalb waren in dem mit zwei verschiedenen Radständen lieferbaren Siebener nun alle Raffinessen wie modernste Fahrstabilitäts- und Traktionssysteme verfügbar, dazu gab es Satellitennavigationssysteme und – von September 1994 an – einen auf 5,4 Liter Hubraum vergrößerten V12-Motor mit nunmehr 326 PS oder 240 km/h, allerdings betrug der Preis auch 148.000 Mark.

Auch für die letzte Fünfer-Generation gilt: Die derzeit gültige Formensprache tendiert zu Eleganz und Understatement – auf optische Aggression wird kein Wert mehr gelegt.

Neben dem großen Zwölfzylinder wurde der Neue aber auch mit den 3- und 4-Liter-Achtzylindern auf den Markt gebracht, die in der Fachpresse ziemlich enthusiastisch beschrieben wurden – und später, wie bereits angedeutet, auf 3,5 und 4,4 Liter Hubraum vergrößert wurden. Mehr unter dem Ausschluss der Öffentlichkeit entstand dann 1997 noch eine Longwheelbase-Variante, die als Prestigefahrzeug hauptsächlich in die arabischen und asiatischen Märkte floss.

Die neueste M5-Generation besitzt einen 5 Liter großen Achtzylinder, der seine Insassen mit mehr als 400 PS erfreut – die Auslieferung startete im Sommer 1998.

Nur ein Jahr nach dem neuen Siebener lag dann im September 1995 die Vorstellung der nächsten **Fünfer**-Generation an, die sich – ähnlich wie der Siebener – durch eine eher zurückhaltende Optik auszeichnete. Unter den glatten, eleganten Formen verbarg sich aber modernste Technik, die den neuen Fünfer zu einem außergewöhnlichen Angebot in seiner Klasse machte. 18 Monate später folgte dann im März 1997 die Kombi-Version, die wie eh und je auf die Bezeichnung **»Touring«** hörte. Die Motorisierungsbandbreite reichte vom 2,0-Liter-Sechszylinder mit 150 PS (110 kW) über die 2,5- und 2,8-Sechszylinder zu den 3,0- und 4,0-Liter-Achtzylindern, die mit bis zu 286 PS jeden Motorisierungswunsch erfüllten. Aber natürlich gab es für die eher sparsamen Interessenten auch einen 2,5-Liter-Dieselmotor, der als **»525tds«** für einerseits 211 km/h Höchstgeschwindigkeit und andererseits für Verbrauchswerte deutlich unter der Zehn-Liter-Grenze sorgte.

Mit dem »M Roadster« baute die M GmbH zwischen dem Sommer 1997 und dem Juni 2002 eines der temperamentvollsten Cabrios auf dem Weltmarkt. Unter der Motorhaube des eleganten Flitzers arbeitet der Sechszylinder des M3.

Wer nun nach einem neuen »M5« fragte, bekam einstweilen die Antwort zu hören: »Sind denn die 4,4 Liter Hubraum und 286 PS des 540i noch immer nicht genug?« Doch anlässlich der Internationalen Automobilausstellung in Frankfurt wurde Anfang September 1997 bei einer Pressekonferenz bekannt gegeben, dass die Fans von 1998 an bei ihren Händlern auch wieder einen M5 bestellen konnten. Dass man sich in der Preußenstraße – wo die BMW M GmbH zu Hause ist – wieder zu einem neuen M5 durchringen konnte, lag bestimmt auch an der Tatsache, dass Mercedes-Benz bei seiner Edel-Tochter AMG den C 43 und den E 55 in Auftrag gegeben hatte.

Der neue M5 besitzt einen auf 5 Liter Hubraum aufgebohrten Achtzylinder, der glatte 400 PS leistet und über ein maximales Drehmoment von nicht weniger als 500 Newtonmetern verfügt. Damit beschleunigt das neue Topmodell in 5,3 Sekunden auf 100 km/h – die Höchstgeschwindigkeit wird aber, wie bei allen schnellen BMW-Modellen, bei Tempo 250 eingefro-

ren. Was die finanzkräftigen M5-Interessenten aber besonders erfreute, war die Tatsache, dass der Preis nicht wesentlich höher als bei seinem Vorgänger ausfiel – hier verlangte der Händler nach einem Scheck über 140.400 Mark.
Wer allerdings wieder einen M5 Touring bestellen wollte, musste zur Kenntnis nehmen, dass die M GmbH diese Version erst einmal nicht mehr bauen würde – letztlich betrug der Anteil dieses Eil-Kombis nicht einmal zehn Prozent am Modellmix. Zwar waren im Frühjahr 2000 dann wieder **»M5 Touring«**-Prototypen auf den Straßen zu sehen – aber es blieb bei den Prototypen.

Nachdem die deutschen Hersteller den Markt der kleinen und handlichen Roadster über Jahre hinweg dem Hause Mazda und dessen MX-5 überlassen hatten, zeichnete sich 1995 langsam eine Roadster-Renaissance am Auto-Himmel ab. Den ersten Schlag führte das Haus BMW, wo der **»Z3«** mit einem überraschenden PR-Coup eingeführt wurde: Kein geringerer als James Bond, der legendäre Agent Ihrer Majestät mit der Codenummer »007«, entkam dem bösen Feind mit einem Z3 – kein Wunder, dass der schnuckelige Roadster auf Anhieb zu einem Bestseller wurde. Der Z3 sorgte aber nicht nur wegen seines prominenten Chauffeurs

Stets im Dienste Ihrer Majestät: James Bond, der Agent mit der Lizenz zum Töten. 1995 durfte 007 den ersten Z3 für die Jagd nach den Bösewichten dieser Erde benutzen – diese Werbung brachte den Roadster über Nacht in aller Munde.

und des agilen Fahrverhaltens für Schlagzeilen – dazu trug auch die Herkunft des Wagens ihren Teil bei, denn BMW hatte mittlerweile sein neuntes Produktionswerk im US-Bundesstaat South Carolina eröffnet. »Wer weltweit verkaufen will, muss auch weltweit produzieren«, lautete eine der Erklärungen für das erste Werk in Übersee, doch neben dieser Erklärung waren die Gründe für den Marsch nach Amerika bestimmt auch in den dortigen Löhnen und dem Dollarkurs zu suchen.

Nur ein Jahr später folgte auf den »kleinen« Z3, der mit zwei Vierzylindertriebwerken mit 1,8 Liter und 116 PS (85 kW) Leistung sowie 1,9 Liter (140 PS / 103 kW) lieferbar war, auch eine Sechszylinder-Variante mit 2,8 Liter Hubraum, dessen 192 Pferdestärken (141 kW) dieses Modell auf immerhin 216 km/h beschleunigten. Wer nun geglaubt hatte, dass sich die Münchner mit diesem bereits beachtlichen Leistungsangebot zufrieden geben würden, wurde spätestens im Mai 1997 eines besseren belehrt, als die Motorsport GmbH erstmals den **»M-Roadster«** präsentierte, der seine 321 PS oder 236 kW unter mächtigen Kotflügelverbreiterungen versteckte.

Eines Tages wird der M-Roadster in den Sammlungen aller großen Automuseen zu betrachten sein – als eines der letzten Fahrzeuge, in denen Eleganz und mehr als reichlich Leistung (Null auf 100 km/h in 5,4 Sekunden) vereinigt sind.

Im Jahr 1997 existierte der C1 nur als Studie – dann fiel die Entscheidung, ihn von 2000 an als alternatives Stadtgefährt ins Modellprogramm zu nehmen.

Natürlich hatten die 321 Pferdestärken mit den 1350 Kilogramm Leergewicht nur wenig Probleme – nach lediglich 5,4 Sekunden konnte hier die 100 km/h-Marke durchbrochen werden, und der Höchstgeschwindigkeit wurde bei den politisch korrekten 250 km/h elektronisch ein Ende gesetzt, wobei etwa 280 km/h theoretisch möglich gewesen wären.

Es gehört nicht viel Phantasie dazu, dieser Cobra der 90er Jahre bereits heute einen Kultstatus zuzugestehen – und zu begreifen, dass dieser Wagen in zehn Jahren ein gesuchtes Sammlerstück sein wird, das einen würdigen Platz neben Fahrzeugen wie dem 328, dem 507, dem M1, dem Z1 oder dem Z8 einnehmen wird.

Im Sommer 1997 tauchten dann auch die ersten Erlkönigphotos auf, auf denen ein M-Roadster mit einer Coupé-Karosserie zu sehen war – und auch dieses neue Modell feierte auf der IAA im September dann Weltpremiere. Das schlicht **»M-Coupé«** genannte Gefährt entpuppte sich zwar als optisch ungewöhnlich, nichtsdestoweniger aber ziemlich praktisches Automobil für den Single oder die kleine Familie mit viel Gepäckraumbedarf. Im Gegensatz zum Z 3, der zuerst mit der schwächsten Motorisierung auf den Markt gebracht worden war, wurde das M-Coupé zuerst nur mit dem 3,2-Liter-Sechszylinder des M 3 angeboten, dessen 321 Pferdestärken dem leichten Fahrzeug mehr als ausreichend Temperament verliehen – schließlich gibt es nicht so viele Automobile, die bereits nach 5,4 Sekunden die 100-km/h-Grenze durcheilen und bei Tempo 250 elektronisch eingebremst werden müssen. Später kam dann auch noch der 2,8-Liter-Sechszylinder mit 193 PS Leistung und 231 km/h Höchstgeschwindigkeit zum Einsatz.

Zusammen mit dem M-Coupé präsentierte BMW auf dieser IAA aber auch noch eine witzige Zweiradstudie mit der Bezeichnung »C1«, die einen völlig neuen Ansatz zu dem Thema »Stadtfahrzeug« bot. Die Techniker stellten sich bei diesem Gefährt die schlichte Frage: Kann man in verstopften Innenstädten nicht mit einem Motorroller oder einem Motorrad wesentlich besser an den Autoschlangen vorbei zur Arbeit oder zum Vergnügen gelangen? Und nachdem diese Frage mit einem klaren Ja beantwortet wurde, stellte dann das Marketing die Frage: Müssen Motorradfahrer eigentlich immer einen Sturzhelm mit sich herumtragen?

Als Antwort auf diese Fragen wurde zusammen mit der italienischen Karosserieschmiede **Bertone** der C1 entwickelt, eine Melange aus Motorradagilität und Rollerpraktikabilität – überspannt von einem komfortdienlichen Dach und umhüllt von einer Sicherheitsstruktur, die den Behörden so viel Vertrauen vermittelte, dass der Fahrer oder die Fahrerin auf die Helmtragepflicht verzichten kann. Zu dieser völlig neuen Einschätzung des Sicherheitsaspekts bei einem Zweirad dürfte übrigens auch der Sicherheitsgurt beitragen, den die Fahrer dieses Gefährts anlegen müssen. Für den Vertrieb des C1, der im Mai 2000 in Serienproduktion ging, sorgt ein nach BMW-Vorgaben beim österreichischen Motorenhersteller Rotax entwickelter Einzylinder-Viertaktmotor mit 125 ccm. Bei der Leistung dachten die Ingenieure an elf Kilowatt oder 15 PS – womit bis zu 100 km/h erreichbar sind. So entschied sich vom Sommer 2000 an, ob die Kundschaft wirklich bereit war, sich mit diesem völlig neuen, immerhin 9990 Mark teuren Mobilitätskonzept tatsächlich anzufreunden.

Mit dem M-Coupé erschloss sich BMW ein völlig neues Feld, denn dieses Fahrzeug bot die Agilität des 321 PS starken M-Roadsters, gepaart mit der Solidität eines geschlossenen Wagens und dem Kofferraum eines kleineren Kombis.

Das Jahr 1997 brachte den Bayern aber nicht nur neue Studien und neue Coupés – sondern auch eine Offensive in Sachen Sicherheit. So wurden vom Modelljahr 1998 an alle 5er und 7er serienmäßig mit ITS-Kopfairbags ausgerüstet, die die Wirkung des hauptsächlich den Oberkörper schützenden Türairbags bei Seitenkollisionen ergänzen. Darüber hinaus kamen nun – als Sonderausstattung – auch bei den Fondtüren Seitenairbags zum Einsatz.

Es gibt Länder, in denen der Schutz von Personen einen besonders hohen Stellenwert besitzt – für diesen Kundenkreis ist der 540 i »Protection« entwickelt worden, der seine Insassen vor dem Einsatz von Feuerwaffen oder Schlagwerkzeugen schützt.

Eine Sicherheit der etwas anderen Art offeriert von diesem Modelljahr an auch der **»540i Protection«**, der seine Insassen durch eine zusätzliche Sicherheitsausrüstung vor Angriffen mit Faustfeuerwaffen oder Schlagwerkzeugen schützt, optisch jedoch praktisch nicht von einem normalen 540i zu unterscheiden ist. Mit diesem besonders geschützten 5er hatte BMW den wachsenden Sicherheitsinteressen seiner Kundschaft Rechnung getragen – und gleichzeitig ein völlig neues internationales Marktsegment definiert. Die Sicherheitsausrüstung setzt sich aus einer Fahrgastzelle, die durch ein hochleistungsfähiges Kunststoffgewebe ausgekleidet ist, und einer Sicherheitsverglasung rundum zusammen. Dieses

neue und in dieser Art einmalige Angebot eines besonders geschützten Fahrzeugs – das bereits am Produktionsband und damit als Serienfahrzeug verändert ausgestattet wird –, traf zweifellos auf einen rasch expandierenden Markt, in dem beispielsweise allein deutsche Unternehmen jährlich mehr als 300 Millionen Mark für den Schutz ihrer Manager im Ausland ausgeben.

Worauf viele BMW-Liebhaber lange gehofft hatten, wurde dann Ende Oktober auf der 32. Tokyo Motor Show Realität: Mit der »Z07«-Studie zeigten die Bayern endlich einmal wieder ein großes Cabriolet, das mit seinem 400 PS starken 5-Liter-Achtzylinder (der dem BMW M5 entnommen wurde) auf den Spuren des legendären BMW 507 wandelte. Der nachtschwarze Prototyp überzeugte aber nicht nur durch seine gekonnte Melange aus alten und neuen Stilmitteln, sondern auch durch das elegante Hardtop, das sich in einem Stück von der Windschutzscheibe bis zur Heckpartie hinzog – und mit wenigen Handgriffen durch ein Heckteil ersetzt werden konnte, das den Z07 in einen reinrassigen Roadster verwandelte. Klar, dass bei einer derartigen Studie noch nicht an so profane Dinge wie einen Kofferraum oder ein Stoffdach für den überraschenden Regenguss gedacht wurde – noch hatten die Designer natürlich Zeit, aus der Studie einen voll alltagstauglichen Seriensportwagen der Extraklasse zu machen.

Auf den Spuren einer Legende: Der BMW Chopper verbindet amerikanische Lässigkeit mit den bewährten Qualitäten der bayerischen Motorradbauer. Selten hat ein BMW-Motorrad die Fangemeinde derart gespalten.

Als Bernd Pischetsrieder dann auch noch verkündete, dass der Z07 bis 1999 Realität werden könnte, war sich die Branche noch nicht so sicher, ob es wirklich genügend handverlesene Käufer für einen derartigen Super-

Sportwagen geben würde – doch im September 1999 feierte der nun in BMW **»Z8«** umgetaufte Roadster auf der IAA in Frankfurt eine begeistert aufgenommene Premiere. Und als der Z8 dann von Juli 2000 an ausgeliefert wurde, störte auch der Basispreis von 235.000 Mark nicht weiter.

Jochen Winkelhock verpasste 1997 nur knapp den Titel des Deutschen Tourenwagenmeisters – doch die Fans lieben ihn wie eh und je wegen seines großartigen Fahrkönnens.

Was viele BMW-Fans seit vielen Jahren hofften, wurde ebenfalls auf der IAA im September 1997 auch offiziell erklärt: Die Bayern beabsichtigten, von 2000 an wieder in die Formel 1 zurückzukehren – und als Partner suchte man sich kein geringeres Team als den mehrfachen Weltmeister Williams heraus. Dass man bei der Perfektionssucht, die diesen beiden Häusern zueigen ist, in den Jahren bis zum ersten Start beim Großen Preis von Australien im März 2000 nur wenig technische Aussagen traf, war zu erwarten – man wollte einfach nicht allzu viele Details vorab verraten. Doch dann wurde bekannt, dass Ende des Jahres 1998 mit den ersten Versuchs- und Testfahrten begonnen wurde, und dass das Team für die Saison 1999 auf die

Der Dreier war stets das Volumenmodell von BMW – und die im März 1998 vorgestellte neue Generation begeisterte auf Anhieb Presse und Kunden.

Fahrkünste von **Ralf Schumacher** vertraute, wofür sich dieser mit einem sechsten Rang in der Fahrer-Wertung bedankte. Und mit dem Engagement des Ex-Formel-1-Profis Gerhard Berger holte sich das Team auch einen ausgewiesenen Spezialisten als Team-Chef, der mit seinen intimen Kenntnissen dazu beitrug, dass sich einige der wichtigsten Techniker dem neuen Team anschlossen.

Aber auch unabhängig von der Formel 1 hatten die Münchner genug zu tun, denn für den März 1998 war die Neuauflage des wichtigsten Volumenmodells vorgesehen – und als die neue Dreier-Limousine dann erstmals zu sehen war, konstatierten alle Betrachter dem Fahrzeug eine ungewöhnlich attraktive Optik. »Designkompetenz bedeutet heute mehr, als sich nur mit den praktisch-funktionalen, künstlerischen und visuell-ästhetischen Gesichtspunkten der Produktgestaltung zu befassen – sie erfordert darüber hinaus die Auseinandersetzung mit den ökologischen und gesellschaftlichen Aspekten von Design«, sagte der Design-Chef **Christopher Bangle** bei der Präsentation, und er fuhr fort: »Es geht bei BMW nicht um Revolution oder Provokation, sondern um die Progression einer Designlinie unter Berücksichtigung langfristiger technischer und gesellschaftlicher Entwicklungen. Auf kurzlebiges Show-Styling und laute Aha-Effekte wird bewusst verzichtet. Schließlich soll ein BMW über mehr als acht Jahre – die durchschnittliche Dauer eines Modellzyklus – faszinieren und Begehrlichkeiten wecken.«
Der neue Dreier wuchs innen und außen um etliche Millimeter, bekam eine um 60 Millimeter verbreiterte Spur, ein größtenteils aus Aluminium gefertigtes Fahrwerk und eine respektable Motorenpalette: So reicht das Antriebsangebot vom 318i (mit 1,9 Liter Hubraum und vier Zylindern) und 118 PS Leistung über den 320i (150 PS) und 323i (170 PS) bis hin zum

328i, der mit 193 PS bis zum Herbst 2000 hin der schnellste seines Stammes war – dann kam der M3. Neben dem 318i gab es dann noch den 320d als zweiten Vierzylinder mit 136 PS Leistung im Programm, während der bärenstarke 330d ebenfalls (wie alle anderen Motoren) sechs Zylinder sowie 184 PS und ein maximales Drehmoment von 390 Nm bei nur 1750/min zur Verfügung stellt. Womit diese Diesel-Variante mit 227 km/h Höchstgeschwindigkeit zu den schnellsten Dieseln schlechthin gehört und nur vom 328i mit 242 km/h überboten wird.

Wie nicht anders zu erwarten, präsentierte BMW ein Jahr später dann auch in Genf ein bildschönes **Dreier-Coupé**, während man noch bis zum Sommer auf die Kombi-Version – natürlich mit der Bezeichnung »**Touring**« – warten musste. Und im Januar des Jahres 2000 erblickte dann noch das Dreier-Cabriolet auf dem Autosalon in Detroit das Licht der Welt – und auch dieses Gefährt gelang dem Team um Christopher Bangle derart gut, dass alle Welt auf Anhieb in Verzückung geriet. So schrieb das *BMW-Magazin:* »Die pure Lebensfreude – Mit einem Feuerwerk an neuen Techniken und Ideen scheint das **323i Cabriolet** bestens gerüstet für eine Kundschaft, die zunehmend nach raffinierten Mischungen aus Fahrspaß, Eleganz, Komfort und Sicherheit verlangt. Und mit 55 Ausstattungsvarianten, 14 Außenfarben, zwölf verschiedenen Polsterungen sowie der Bereit-

»Die pure Lebensfreude« – So beschrieb die Presse das neue 3er-Cabriolet.

M Z 8800

stellung von 16-, 17- und 18-Zoll-Felgen ist reichlich Raum für individuelle Ansprüche vorhanden.«

Eine der besten Limousinen im Angebot: der 740d mit dem neuen Acht-Zylinder-Turbodiesel mit 245 PS Leistung.

Und um das Maß voll zu machen, gab es dann im September 1999 auf der IAA auch einen ersten Blick auf den neuen **M3**, der – noch leicht verkleidet – allen Freunden hoher PS-Zahlen klar machte, dass die M GmbH sie nicht vergessen hatte. In seiner endgültigen Form stand der M3 dann mit den Kotflügelverbreiterungen, verchromten seitlichen Motorentlüftungskiemen und vier großen Auspuffrohren im März 2000 in Genf – und er bewies mit seinem 3,2-Liter-Sechszylinder mit 24 Ventilen und 252 kW oder 343 PS deutlich, aus welchem Haus von September 2000 an eine der sportlichsten Kompakt-Limousinen (Null auf 100 km/h in 5,2 Sekunden) überhaupt geliefert wird. Und um diese Leistung auf die Straße zu bringen, bekam der M3 auch eine variable Visco-Differentialsperre und ein Sechsganggetriebe verpasst.

Die Bayerischen Motoren Werke beschäftigten sich aber nicht nur mit der kompletten Erneuerung ihrer wichtigsten Baureihe, sondern sie brachten auch noch ein paar neue Motoren und etliche interessante Modelle auf den Markt. So gelangten – parallel zu den M3- und M5-Triebwerken – auch einige hochinteressante Dieselmotoren zur Serienreife. An dieser Entwicklung war besonders die österreichische BMW-Dependance in Steyr beteiligt, die seit Jahren als eines der Zentren für die Entwicklung von Dieselaggregaten einen nahezu legendären Ruf hat. So entstand in Steyr natürlich auch der bereits im Zusammenhang mit dem **330d** erwähnte 2,9-Liter-Reihensechszylinder, der mit seinem Vierventilkopf, der Common-Rail-Direkteinspritzung, dem Turbolader mit elektronisch geregelter Turbinengeometrie und dem Intercooler zu den aufwändigsten Dieselmotoren auf dem Markt gehört. Die Spezialisten in der Dieselmotor-Entwicklung hatten sich aber auch für das Flaggschiff einer neuen Generation von BMW-Dieselfahrzeugen etliche besondere Lösungen einfallen lassen, die im Sommer 1999 im überarbeiteten Siebener als **740d**

Auf Anhieb ein Gewinner: Der Z8 eroberte sich – trotz seines stolzen Preises – auf Anhieb die Herzen aller Roadster-Fans (vorherige Seite).

Mit neuer Optik und Allradantrieb eröffnet der X5 neue Märkte.

zum Einsatz kamen. Und für diesen Motor schufen sie gleich einen 3,9-Liter-Achtzylinder, der als Vorreiter der Digitalen Diesel Elektronik (DDE) in Bezug auf die Biturbo-Aufladung mit zweiflutiger Ladeluftkühlung an der Spitze der Technik stand. Außerdem wurde hier erstmals bei den beiden Turboladern eine elektrische Verstellung der Turboleitschaufeln realisiert. Dabei sorgte die kennfeldgesteuerte Verstellung durch einen elektromotorischen Aktuator für höchste Verstellgeschwindigkeit und Positioniergenauigkeit. Es würde den Rahmen sprengen, hier alle Finessen des Motors en detail zu erläutern – Tatsache ist, dass der 740d im Sommer 1999 mit seinen 245 PS und einem kaum glaublichen Drehmoment von 560 Nm in der Diesel-Technik einen Meilenstein darstellte.

Im Januar 1999 überraschten die Bayern dann auf der Detroit Motorshow mit ihrem ersten Geländewagen, dem **X5**. Der Station Wagon basiert eigentlich auf der Fünfer-Baureihe, unterscheidet sich jedoch in der Realität deutlich von seinem weniger geländetauglichen Bruder. Um die erwünschte Geländegängigkeit zu erreichen, wurde die Bodenfreiheit des X5 um 200 Millimeter deutlich erhöht, dazu gab es ein überarbeitetes und wesentlich robusteres Fahrwerk und einen serienmäßigen Allradantrieb mit einer butterweich schaltenden Fünfgang-Automatik. Für den Vortrieb sorgt anfänglich wahlweise ein 3-Liter-Reihensechszylinder mit 231 PS sowie der 4,4-Liter-Achtzylinder mit 286 PS Leistung – wobei die beiden Triebwerke dem nicht gerade leichten (zwischen 1990 und 2095 Kilogramm wiegenden) X5 zu beeindruckenden Beschleunigungsvorgängen (Null auf 100 km/h in 7,4 Sekunden) und 206 oder 230 km/h Höchstgeschwindigkeit verhelfen.

Der in dem amerikanischen Werk Spartanburg gebaute X5 begeisterte Fachwelt und Kaufinteressenten gleichermaßen – und der nicht gerade zeitgemäße Benzinverbrauch, der sich je nach Fahrweise zwischen 14 und 20 Litern auf 100 Kilometer einpendelt, ist in dem Hauptmarkt des 111.000 Mark teuren X5 sowieso kein Thema, denn dort kostet der Liter Sprit selbst nach den letzten Preiserhöhungen noch immer nur etwa 50 Pfennige. Dafür bietet das Gefährt einerseits eine ungewöhnliche Mischung aus Eleganz und Luxus mit reichlich Holz und Leder im Interieur – während es sich andererseits auch im Gelände recht tapfer schlägt, obwohl es natürlich mit reinrassigen Geländewagen nur bedingt mithalten kann. *auto, motor und sport* charakterisierte den X5 deshalb folgendermaßen: »Sportliches Freizeit-Auto, das in Fahrleistungen und Fahreigenschaften die bei Geländewagen üblichen Maßstäbe durchbricht – dafür sind die Einsatzmöglichkeiten abseits der Straße eingeschränkt.«

Nur einen Monat nach der Präsentation des X5 kam BMW dann Anfang Februar mit einem Austausch des Vorstands in die Schlagzeilen – am 5. Februar 1999 trennte sich der Aufsichtsrat zuerst von dem Vorstandsvorsitzenden Bernd Pischetsrieder und seinem Stellvertreter **Wolfgang Reitzle**, um anschließend **Bernd Milberg** zum neuen Chef des Unternehmens zu küren. Eine Entscheidung, die für großes Aufsehen sorgte – da besonders Reitzle als Mr. BMW gesehen wurde. Nur einige Wochen später sollte Reitzle dann vom Ford-Konzern als Chef der neu gegründeten **Premier Automotive Group** angeworben werden, wo er bis 2002 für die Marken Aston-Martin, Jaguar, Lincoln und Volvo verantwort-

Ein neuer Weg zur Stadt-Mobilität: Der C1 ging im Frühjahr 2000 in Serie.

lich zeichnete. Pischetsrieder heuerte 2001 beim VW-Konzern an, wo er zuerst für die Konzern-Qualität sowie die Marke Seat verantwortlich war. Ein Jahr später sollte er Ferdinand Piëch als Vorstandsvorsitzenden ablösen.

Der Herbst des Jahres 1999 brachte aber auch die Enthüllung des **Z8** – erstmals war der bildschöne Roadster in seiner endgültigen Konfiguration auf der IAA zu sehen, und als er dann im Februar 2000 der internationalen Presse in Los Angeles vorgestellt wurde, überschlugen sich die Blätter in Superlativen. So schrieb *auto, motor und sport:* »Mit dem Z8 wagt BMW das Außergewöhnliche. Er soll den Stil vergangener Zeiten mit den Errungenschaften der Moderne verknüpfen. Das Resultat ist ein 400 PS starker Roadster, der nicht nur die Figur krönt.«

Mit seinem Aluminium-Space-Frame-Chassis und den 400 Pferdestärken des M5-Triebwerks – die hier 1585 Kilogramm Leergewicht vorantreiben – bietet der Z8 natürlich außerordentliche Fahrleistungen: Nach 4,7 Sekunden ist bereits Tempo 100 erreicht, während der Vorwärtstrieb (wie immer bei BMW) elektronisch bei 250 km/h eingebremst wird. Dabei könnte der in aufwändiger Handarbeit gebaute Z8 (ganze zehn Exemplare entstehen täglich), wie man vertraulich erfahren konnte, offen problemlos 280 km/h erreichen, während er mit dem Hardtop sogar die 300 km/h-Grenze streifen dürfte. Aber auch so wird der stolze Z8-Besitzer nur selten überholt werden – aber das darf man ja auch wohl für 235.000 Mark Einstandspreis erwarten. Und dass man in einem Z8 nicht unbedingt überholt werden kann, bewies letztlich auch James Bond in seinem Film »The World is not enough« am Volant des Z8 Roadsters.

Der berühmte Designer – und Vater des 507 – Albrecht Graf Goertz sagte über das neuer 3er-Coupé: »Der ist so gelungen, der könnte beinahe von mir sein.«

Nur wenige Tage, nachdem das 323i Cabriolet erstmals auf dem Genfer Autosalon in Europa zu besichtigen gewesen war, kam der BMW-Konzern dann erneut in alle Schlagzeilen – allerdings war der Grund der weltweit einsetzenden Berichterstattung weniger das harmonische Modellprogramm, die immer raffiniertere Technik oder die blendenden Verkaufszahlen, sondern die Bekanntgabe, dass man sich sechs Jahre nach dem Kauf von Rover wieder von dem britischen Unternehmen trennen wollte. Im März, kurz nach den Pressetagen in Genf, hatte der Vorstand beschlossen, dem Aufsichtsrat am 16. März den Vorschlag zu unterbreiten, Rover und MG zu verkaufen. Durch gezielte Indiskretionen kam es dann am Abend des 14. März zu einer Vorabmeldung in der *Süddeutschen Zeitung,* dass eine Investorengruppe Rover und MG übernehmen wolle. Und am 15. März wurde dann – ebenfalls in der *SZ* – das Ausscheiden von drei Vorständen publiziert. Als dann am 16. März diese Indiskretionen nach der Aufsichtsratssitzung bestätigt wurden, kam BMW wochenlang nicht mehr zur Ruhe – zumal BMW dann auch noch am 17. März bekanntgab, dass man die Geländewagensparte **Land Rover** an Ford und dessen **Premier Automotive Group** (und damit an den ehemaligen BMW-Vorstand Wolfgang Reitzle) verkaufen wolle.

Es sollte dann einige Zeit ins Land gehen, bis man bei BMW wieder aus dem Gerede kam – und sich der Fokus der Öffentlichkeit wieder mehr auf die hervorragende Produktpalette richtete. Ein erster Schritt dazu war die Vorstellung des 323i Cabriolets Mitte März 2000, bei der zugleich auch der nun serienreif entwickelte **C1** als Stadtfahrzeug der Zukunft präsentiert wurde. Die österreichische *autorevue* schrieb dazu: »Zu viel Verkehr, zu viel Regen, zu viel Geld? Oder zu wenig Parkplätze, zu wenig Zeit und keinen Helm: Der C1 ist die mutigste Nummer seit dem Smart. Erfolg ist ihm wie uns zu wünschen.«

Die größte Freude kam in diesen Tagen jedoch aus der Formel-1-Szene, wo das BMW Williams-Team gleich beim ersten Rennen am 12. März in Australien auf einen nie erwarteten dritten Rang kam – hinter den beiden Ferrari-Piloten Michael Schumacher und Rubens Barrichello landete Ralf Schumacher ebenfalls auf dem Siegerpodest. Das war der beste Einstieg eines neuen Teams und eines neuen Triebwerks in die Formel 1 in den vergangenen 30 Jahren. Und als das BMW Williams-Team dann mit Ralf Schumacher und seinem britischen Team-Kollegen Jenson Button beim zweiten Lauf zur Formel-1-Weltmeisterschaft in Brasilien auf den Plätzen fünf und sechs ebenfalls WM-Punkte kassierte, hatte sich der Ruf der Bayern, zu den besten Herstellern der Welt zu gehören, deutlich gefestigt.

Auf Anhieb auf dem Siegertreppchen: Ralf Schumacher wurde beim ersten Formel-1-Einsatz gleich Dritter.

Es sind nicht zuletzt solche Motorsporteinsätze, die die Bayern im Laufe ihrer Geschichte zu einer legendären Marke gemacht haben. Parallel dazu waren es aber natürlich auch die in den Verkaufsräumen anzufindenden Modelle auf zwei und vier Rädern, die für den nahezu mythischen Ruf der weiß-blauen Marke gesorgt haben. Und es werden auch in der Zukunft die Millionen von »normalen« Fahrzeugen sein, die mit ihrer attraktiven Mischung aus Ästhetik, Alltagstauglichkeit und Fahrdynamik dafür sorgen, dass die viel zitierte »Freude am Fahren« wohl noch lange erhalten bleibt.

BMW AG mutiert zur BMW Group

2001 bis 2003

Natürlich war es keine Frage, dass sich BMW den Ärger, den man im Zusammenhang mit der Trennung von Rover und Land Rover mit der Presse bekommen hatte, lieber erspart hätte – doch was hätte man anders machen sollen? Der damalige Vorstandsvorsitzende **Prof. Joachim Milberg** besaß gar keine andere Chance, als die Verkaufsgespräche so geheim wie möglich zu halten, um den Erfolg der Verhandlungen nicht zu gefährden. Und hätte er – als erste Verkaufsgerüchte aufkamen – sofort alles zugeben können oder dürfen? Natürlich nicht – aber dass in dieser Zeit dennoch etliche Kommentatoren über BMW und seinen Vorstand in nicht gerade fairer Art und Weise berichteten, hinterließ am Petuelring doch manche Narben.

Mit dem jetzigen Wissen um die Stärke der weiß-blauen Marke – und den alljährlich vermeldeten Rekordverkaufs- und Renditezahlen – wird die Situation natürlich anders beurteilt: Heute wird die Entscheidung, sich von dem britischen Milliardengrab zu trennen, als Vorbild für unternehmerische Entscheidungsfreude gelobt und gefeiert. Zumal man sich ja auch in Großbritannien nicht von allen Marken getrennt hatte – hier war das Juwel **Mini** in bayerischem Besitz geblieben. Und als im September 2001 der **Mini One** und der **Mini Cooper** das Licht der Welt erblickten, war der Jubel nahezu grenzenlos, denn es war den Designern und Technikern gleichermaßen geglückt, den mittlerweile etwas in die Jahre gekommenen Mythos Mini perfekt in die Jetzt-Zeit zu transponieren.

Mit seinem tollen Design geriet der neue Mini auf Anhieb zu einem grandiosen Verkaufserfolg.

Eine Aufgabe, die vor allem deswegen so reizvoll war, weil sich, so Gert Hildebrand, der Chefdesigner des neuen Originals, »der Ur-Mini über die Jahrzehnte hinweg ja nicht verändert hatte – es gab nie einen Mini 2 oder Mini 3, es gab kein Facelift und praktisch keine optischen Veränderungen«. So bot sich die einmalige Chance, ein völlig neues Fahrzeug zu zeichnen, das sich in Optik und Technik in der Jetzt-Zeit befindet und dennoch mit ein paar kleinen Anspielungen eine phantasievolle Brücke in die Vergangenheit schlägt.
Nochmals Gert Hildebrand: »Der Mini soll alle fünf Sinne ansprechen: Sehen, Fühlen, Riechen, Hören und Geschmack – so lächelt einen der Mini mit seinen ovalen, leicht schräg gestellten Scheinwerfern und dem chromumrahmten Kühlergrill freundlich an. Mit seiner eleganten Form und besonders an den aufgesetzten Türgriffen fasst man ihn auch gerne an. Die wertvollen Materialien, die im Mini verarbeitet wurden, wählten wir auch unter dem Gesichtspunkt einer angenehmen Geruchsatmosphäre, und der Klang des Motors wurde mit aufwändigen Versuchsreihen und einer liebevoll abgestimmten Auspuffanlage so konzipiert, dass auch die Lust am Hören gewährleistet wird. Bleibt der Geschmackssinn. Natürlich schmecken Automobile nicht, oder allenfalls nach Gummi, Öl, Glas oder Metall. Doch wenn man den Mini zum ersten Mal gefahren hat, findet man wieder Geschmack am Fahren und an der Leichtigkeit der Bewegung.«

Mit seinem tollen Design, dem agilen Fahrwerk und den beiden 1,6-Liter-Vierzylindern mit 66 kW (90 PS) im One und 85 kW (116 PS) Leistung im Cooper eroberten sich die beiden stadtfreundlichen Modelle (Länge: 362 Zentimeter / Breite: 169 Zentimeter / Höhe: 141 Zentimeter) auf Anhieb neue Märkte, die BMW mit seinen eigenen Modellreihen nie hätte besetzen können – kein Wunder, dass die Produktionskapazität der beiden Neuen stetig erhöht werden musste. Dass sich gerade die Engländer, die es nie einem deutschen Produzenten zugetraut hatten, eine britische Ikone zu bewahren, zu den enthusiastischsten Käufern entwickelten, war wohl der Tatsache zuzuordnen, dass der neue Mini im britischen Oxford produziert wird – und dass man von BMW-Seite aus jeden Anschein vermied, zu sehr auf die britische Mentalität Einfluss zu nehmen.

Als dann im Juni 2002 noch der **Mini Cooper S** auf dem Markt erschien, bei dem der Vierzylinder dank eines Kompressors nun lockere 120 kW oder 163 PS auf die Straße brachte, hörte der Jubel gar nicht mehr auf, was einen bei einer Höchstgeschwindigkeit von 218 km/h und einer Beschleunigung in 7,4 Sekunden auf Tempo 100 auch nicht wundert. Dabei waren schon der One und der Cooper mit einer Höchstgeschwindigkeit von 185 km/h und 200 km/h agiler als der Ur-Mini geraten – aber mit dem Cooper S

Mit 120 kW oder 163 PS Leistung und seinem knackigen Fahrwerk ist der Mini Cooper S nicht nur 218 km/h schnell, sondern auch auf kurvigen Landstraßen kaum zu schlagen.

geriet das neue Kult-Objekt zum temperamentvollen Gefährt, das die Fachzeitschrift *auto, motor und sport* als »einzige vernünftige Alternative zu einem Porsche« definierte.

Und da man bei BMW mittlerweile auch unverblümt über einen besonders sparsamen **Mini Diesel** spricht, der im Spätsommer 2003 auf den Markt kommen soll –, und dem im Jahr darauf auch noch ein **Mini Cabriolet** folgen wird, darf man beruhigt davon ausgehen, dass die Begeisterung rund um die neue Mini Group – die die erste Ergänzung in der neu geschaffenen **BMW Group** darstellt – noch lange nicht aufhören wird.

Der Sommer des Jahres 2001 brachte aber auch mit dem neuen **M3 Cabriolet** die von den Oben-Ohne-Fahrern so lange ersehnte M-Variante mit richtig Leistung, denn hier ist der Spurt zur 100 km/h-Grenze nun in 5,5 Sekunden möglich – was bei 252 kW oder 343 PS Leistung nicht weiter wundert. Kein Wunder, dass der M3 sowohl offen wie geschlossen heute zu den sportlichsten Fahrzeugen überhaupt gehört und bei Umfragen immer wieder mit den Modellen von Porsche in eine Reihe gestellt wird.

Doch Leistung kann man offensichtlich nie genug haben – deshalb präsentierte BMW auch 2002 die **M3 CSL**-Studie, bei der mit intelligentem

Leichtbau (darunter Karosserieteile aus kohlefaserverstärktem Kunststoff und eine Instrumententafel aus Magnesium) und einer auf mehr als 258 kW (350 PS) gesteigerten Leistung der M3 in eine weitere Evolutionsstufe gehoben wurde. Ein Wagen, der diejenigen, die ihn bislang fahren durften, zu Begeisterungsstürmen animierte. Einer von ihnen war der Entwicklungsvorstand **Dr. Burkhard Goeschel**, der über den etwa 200 Kilogramm leichter gewordenen M3 sagte: »Eine puristische Fahrmaschine, die nur begeistert – und den Nürburgring deutlich unter acht Minuten umrundet, womit sie dem gewiss nicht langsamen M3 noch einmal knapp 30 Sekunden davonfährt.« Kein Wunder, dass man in München ernsthaft über eine kleine, auf etwa 1.000 bis 1.500 Fahrzeuge limitierte Sonderserie des M3 CSL nachdenkt.

Limitierte Serienproduktion nicht ausgeschlossen: Der M3 CSL wird wohl mit 350 PS Leistung ausgeliefert werden.

Doch bei aller Liebe zu viel Leistung arbeitet man bei BMW natürlich auch immer an der Weiterentwicklung der Basis-Motorisierungen, die dem erfolgreichen Dreier zu weiterer Attraktivität verhelfen sollten – so wurde im Juni 2000 der bewährte 2,8-Liter-Reihensechszylinder durch einen auf 3 Liter Hubraum vergrößerten Motor mit 170 kW (231 PS) Leistung abgelöst, der als **330i** gleichermaßen in der Limousine, im Coupé, im Cabriolet und im Touring zum Einsatz kam. Damit stieg die Höchstgeschwindigkeit auf 250 km/h und die Beschleunigung pendelte sich – je nach Modell – zwischen 6,5 und 7,2 Sekunden ein. Wer seine 231 PS auch auf glattem Untergrund besser nutzen wollte, konnte nun auch auf die **330iX**-Varianten zurückgreifen, bei denen ein permanenter Allradantrieb mit automatischer Stabilitäts- und Traktionskontrolle noch mehr Sicherheit garantiert.

Und natürlich kam dieses neue Triebwerk auch in anderen Modellreihen zum Einsatz – so im **Z3 3.0i Roadster** und im **Z3 3.0i Coupé**, wo es wie auch im **X5 3.0i** den 2,8-Liter-Sechszylinder ablöste. Besonders stolz waren die Techniker aber darauf, dass diese Motoren – neben der nun zusätzlich zur Verfügung stehenden Leistung – aber auch im unteren Drehzahlbereich deutlich mehr Drehmoment bekamen: So standen nun über das gesamte Drehzahlband bereits ab etwa 1.500/min mindestens 90 Prozent des maximalen Drehmoments von 300 Nm zur Verfügung. Kurz vor der Produktionseinstellung im Juni 2002 erhielt die M-Version des Z3 Roadsters und des Z3 Coupés dann auch noch einen auf 239 kW (325 PS) erstarkten M-Motor, der im Laufe der Jahre – wegen seiner außergewöhnlichen Leistung und seiner geringen Stückzahlen – zu den wertvollsten Exemplaren dieser temperamentvollen Fahrzeuge mutieren dürfte.

Im September des Jahres 2000 kam dann noch ein überarbeiteter und nun 141 kW (192 PS) starker 2,5-Liter-Sechszylinder mit Vierventiltechnik als **325i** in Limousine, Coupé, Cabriolet und Touring zum Einsatz, der mit 240 km/h Höchstgeschwindigkeit ebenfalls in Regionen vordringt, die früher nur reinen Sportwagen vorbehalten waren. Etwas langsamer waren natürlich die **325iX-Limousine** und der **325iX-Touring**, bei denen das zusätzliche Gewicht des permanenten Allradantriebs für eine Reduzierung der Höchstgeschwindigkeit auf etwas mehr als 230 km/h sorgten.

Die letzte Neuigkeit bei der Dreier-Baureihe war dann der Einsatz des 2-Liter-Reihensechszylinders mit 125 kW (170 PS) Leistung im **320Ci**-Coupé, das mit 226 km/h Höchstgeschwindigkeit und einer Beschleunigung in 8,2 Sekunden von Null auf 100 km/h von nun an als Einstiegsmodell in die Dreier-Coupé-Baureihe diente.

Für Käufer, die mehr Platzbedarf haben, war und ist der Touring stets die beste Wahl gewesen.

Wie fleißig man im Herbst dieses Jahres in München war, zeigte aber nicht nur die Vielzahl neuer Motoren und Varianten bei der Dreier-Baureihe, sondern auch die Vorstellung der generalüberholten **Fünfer**-Baureihe, die auf den ersten Blick besonders durch ihre neue, markante Frontpartie auffiel. Doch der neue Fünfer unterschied sich nicht nur durch die neue Form des Kühlers und seiner Scheinwerfer mit den typischen Leuchtringen oder der überarbeiteten Heckpartie mit den Heckleuchten in Brillantoptik von seinem Vorgänger, sondern auch durch neue Triebwerke wie den 2,2-Liter-Sechszylinder (der aber weiter als **520i** bezeichnet wurde) mit 125 kW (170 PS) Leistung, der bei der Limousine für 226 km/h Höchstgeschwindigkeit und beim Touring für 223 km/h sorgte.

Natürlich bekam der neue Fünfer auch sofort die beiden gründlich überarbeiteten 2,0- und 2,5-Liter-Dieseltriebwerke, die bereits im Frühjahr beim Vorgänger erfolgreich eingeführt worden waren. Und so sorgte der Vierzylinder des **520d** mit seinen 100 kW oder 136 PS gleichermaßen wie der Sechszylinder-Common Rail-Motor des **525d** mit 120 kW oder 163 PS für eine spannende Mischung aus Ökonomie und Fahrfreude, denn hier waren – bei Verbrauchswerten deutlich unter zehn Liter auf 100 Kilometer – immer noch Spitzengeschwindigkeiten über der 200 km/h-Grenze möglich.

Der neue Fünfer präsentierte sich aber nicht nur als 520i, 520d oder 525d, sondern gleich in seiner gesamten Modellpalette auch als **525i** mit dem bereits erwähnten 141 kW starken Sechszylinder sowie als **530i** mit dem uns bereits vom 330i bekannten 170 kW starken Motor. Wer es noch etwas stärker haben möchte, kann natürlich auch zu den Achtzylinder-Motoren der **535i**-Variante mit 180 kW (235 PS) oder gleich zum **540i** greifen, dessen 4,4-Liter-Triebwerk mit 210 kW (286 PS) kaum noch Wünsche offen lässt. Außer vielleicht dem Wunsch nach einem M5, der mit seinen 294 kW oder 400 PS in einer noch sportlicheren Liga spielt.

Wer allerdings viel Leistung mit richtig viel Drehmoment – bei gleichzeitig niedrigen Verbrauchswerten – besitzen möchte, sollte sich einmal mit dem 142 kW (193 PS) starken **530d** beschäftigen, dessen Sechszylinder mit Vierventil-Technik, Common-Rail-Einspritzung und Turbolader sowie Intercooler die Ökonomie des Dieselmotors mit dem Temperament eines Sportwagens verbindet – 230 km/h Höchstgeschwindigkeit und eine Beschleunigungszeit in 7,8 Sekunden von Null auf Tempo 100 sprechen hier eine bemerkenswerte Sprache. Kein Wunder, dass dieser Motor – in einer leicht auf 135 kW (184 PS) abgemilderten Version – auch rasch in den **330d** und **330Xd** mit Allradantrieb sowie in den **730d** und im April 2001 in den **X 5 3.0d** wanderte. Wobei sich dieser Dieselmotor gerade im X 5-Geländewagen rasch als nahezu perfektes Triebwerk entpuppte, das mit seinem mächtigen Drehmoment von 410 Nm praktisch immer genügend Power zur Verfügung stellt.

An den Studien lässt sich die Zukunft erkennen: Das Z9 Cabriolet und das X-Coupé wurden im Januar 2001 in Detroit präsentiert.

Auf dem Autosalon von Detroit überraschte BMW dann mit zwei ungewöhnlichen Studien – dem **Z9 Cabriolet** und dem **X-Coupé**, die mit ihren Formen einen ersten Ausblick in eine neue Formensprache des Unternehmens geben sollten.

Das Frühjahr 2001 stand dann zuerst im Zeichen der Vorberichterstattung über das neue M 3 Cabriolet, das dann im Juni bei den Händlern auftauchen sollte. Mit der Einführung dieses Modells stand dann auch erstmals das **Sequenzielle M Getriebe** (SMG II) der zweiten Generation für das M3 Coupé und das Cabriolet zur Verfügung, bei dem die Gänge – wie in der Formel 1 – blitzschnell mit einer Wippe am Lenkrad gewechselt werden können. Und parallel dazu berichtete man stolz, dass der erstmals bei der Weltausstellung in Hannover vorgestellte BMW **750hL** mit Wasserstoffmotor mittlerweile bei seiner Reise rund um die Welt das Emirat Dubai am Persischen Golf erreicht und bereits mehr als 100.000 Kilometer problemlos zurückgelegt hatte.

Einmal um die Welt: Der 750hL umrundete nach mehr als 100.000 Kilometern Fahrstrecke die Welt – sein Treibstoff: der umweltfreundliche Wasserstoff.

Parallel dazu stellten die Münchener auch den **316ti compact** und den **325ti compact** vor, die mit 1,8 Liter Hubraum (zur Differenzierung vom 318i mit 143 PS Leistung aber dennoch 316i genannt) und 85 kW, 116 PS Leistung als Einstiegsmodelle und dem 2,5-Liter-Sechszylinder mit 141 kW (192 PS) als Topmodell die Marktstellung der compact-Baureihe weiter stärken sollten. Modellpflegemaßnahmen, die besonders den 325i compact zu einem beliebten Wolf im Schafspelz machten, dem nur die Insider die Leistung ansahen, die diese Variante immerhin 235 km/h schnell machte und eine Beschleunigung in 7,1 Sekunden auf Tempo 100 ermöglicht. Dennoch erregte auch der 316ti Aufsehen, weil der neue 1,8-Liter-Motor über die bahnbrechende, von BMW entwickelte **Valvetronic** verfügt – einen vollvariablen Ventiltrieb, bei dem die Leistung erstmals über den Hubverlauf der Einlassventile variiert wird. Hier übernehmen also die sich je nach Anforderung mehr oder weniger öffnenden Einlassventile die Dosierung der Frischgaszufuhr – dadurch erhalten die Zylinder beim Beschleunigen sofort die volle Füllung, womit einerseits mehr Leistung und andererseits eine Verbrauchseinsparung zwischen sechs und 16 Prozent erreicht wird.

Noch stärker in der Öffentlichkeit stand jedoch für einige Wochen der neue zweite Mann des BMW Williams F1-Teams, der Kolumbianer **Juan Pablo Montoya**, der nach einer großartigen Karriere in der amerikanischen Champ-Car-Serie zu der Formel 1 stieß. Mit Montoya, der den Briten **Jenson Button** ersetzte, wollte sich das BMW Williams-Team – das in seiner ersten Formel 1-Saison einen nie erwarteten dritten Rang bei der Konstrukteurs-Wertung errungen hatte – noch weiter verstärken. Dazu kam Ralf Schumacher in der ersten Saison dieses Teams mit 24 Punkten auf Rang 5 in der WM-Fahrerwertung vor Button, der 12 Punkte erkämpfen konnte.

Die zweite Saison des BMW Williams-Teams verlief durchaus erfreulich: Am 15. April gewann Ralf Schumacher den **Großen Preis von San Marino** – damit hatte BMW nach nur 21 Rennen seinen ersten GP-Sieg errungen. Ihm sollten noch zwei weitere Siege von Schumacher beim **GP von Kanada** in Montreal und beim heimischen **GP von Deutschland** in Hockenheim folgen, während Montoya den **GP von Italien** in Monza als Sieger beendete. Für die Fahrerwertung bedeutete das, dass Ralf Schumacher mit 49 Punkten den vierten und Montoya mit 31 Punkten den sechsten Rang in der Fahrer-WM belegten. In der Konstrukteurs-WM landete das BMW Williams F1-Team auf Rang drei.

Der teuerste Dreier aller Zeiten: Für den M3 GTR müssen rund 250.000 Euro bezahlt werden – dafür gibt es Renntechnik pur.

Parallel dazu gewann BMW aber auch überlegen mit Jörg Müller am Steuer die GT-Klasse der **American Le Mans Series** (ALMS) mit dem M3 GTR vor dem Finnen J. J. Lehto, ebenfalls auf einem GTR vor dem Porsche-Piloten Sascha Maassen. Hinter der Bezeichnung **M3 GTR** verbirgt sich ein M3 mit einem 450 PS starken V8-Motor – und damit der M3 GTR überhaupt homologisiert wurde, mussten auch ein paar Straßenfahrzeuge gebaut werden, die ebenfalls unter der Bezeichnung M3 GTR in kleinsten Stückzahlen und nur auf Bestellung gebaut werden. Um in den Besitz dieses 258 kW (350 PS) starken verkappten Rennwagens zu kommen, unter dessen Motorhaube eine leicht gedrosselte Variante des 3.997 ccm großen V8-Renntriebwerks arbeitet, müssen etwa 250.000 Euro auf den Tisch des Händlers gelegt werden – kein Wunder, dass die bisherige Fertigung im kleinsten zweistelligen Bereich liegt. Einen Wagen hat sich übrigens sofort der Formel 1-Pilot Montoya zugelegt – aber bei ihm dürfte der Preis eine eher geringe Rolle gespielt haben, und er dürfte wohl auch in der Lage sein, das Potenzial des GTR voll auszuloten.

Nicht weniger extrem gab sich dann noch ein ganz spezieller Prototyp, der in der Hand von Hans-Joachim Stuck zum schnellsten Geländewagen aller Zeiten mutieren sollte: der **X5 Le Mans**, bei dem die Techniker ganz einfach den Zwölfzylinder-Rennmotor des BMW LMR eingebaut hatten, der 1999 die 24 Stunden von Le Mans gewann. Man ahnt, was die mehr als 700 PS eines Rennwagens mit einem fahrwerksmäßig überarbeiteten, aber ansonsten ziemlich serienmäßigen X5 anrichten können: Stuck erreichte auf der Nordschleife nicht nur 311 km/h Höchstgeschwindigkeit, sondern auch eine Rundenzeit von 7.49,92 Minuten – derartige Zeiten waren nur wenige Jahre zuvor noch Formel-1-Fahrzeugen vorbehalten gewesen. Kein Wunder, dass Stuck nach dieser Fahrt staunte: »Die Runden mit diesem Fahrzeug werden ein Highlight in meinem Leben bleiben.«

Doch bevor wir uns dem neuen Siebener, dem Höhepunkt der Neuheitenpalette von BMW des Jahres 2001 nähern, sollen noch kurz die Modellpflegemaßnahmen bei dem Dreier erwähnt werden: Im September 2001 gab es als Einstiegsmodell erstmals ein **318Ci Cabriolet** mit 105 kW (143 PS), das noch immer 208 km/h bereitstellte. Dazu standen nun auch ein **318ti compact** mit dem beim **318Ci Cabriolet** erwähnten Vierzylinder sowie ein **320td compact** mit 110 kW (150 PS) Leistung und 214 km/h Spitze zur Verfügung. Außerdem bekam die **318d**-Limousine einen 85 kW (115 PS) starken Selbstzünder, dem im Dezember 2001 noch ein **316i** folgen sollte – doch auch hier darf man dem Typschild nur bedingt Glauben schenken, denn unter der Motorhaube arbeitet ein 1,8-Liter-Vierzylinder mit 85 kW (115 PS) Leistung, der das neue Einsteiger-Modell zur Dreier-Reihe auf 206 km/h beschleunigt.

Nachdem im Juli 2001 die Produktion des »alten« Siebeners eingestellt worden war, stand dann der November 2001 voll im Zeichen des neuen Siebeners, der schon im Vorfeld seiner Präsentation ins Gerede gekommen war – hatten ihn doch einige Fachzeitschriften wegen seiner neuen Formensprache kritisch und misstrauisch beäugt und kommentiert. Als der neue **735i** und der mit einem um 14 Zentimeter verlängerten Radstand versehene **735Li** sowie seine hubraumstärkeren Brüder **745i** und **745Li** dann – nach einem ersten Fahrtermin – im September auf der IAA in Frankfurt tatsächlich erstmals zu besichtigen waren, blieben die Meinungen – zumindest in der Fachpresse – gespalten. Während niemand an der Leistung, der Agilität des Fahrwerks und dem hervorragenden Komfort zweifelte, begann zeitweise eine leidenschaftliche Diskussion um die Form der Heckpartie und den Nutzen des neuen **iDrive**-Bedienkonzepts, mit dem die Bayern eine deutliche Reduzierung und Neuorientierung der Bedienelemente praktiziert haben. Denn hier werden die wenigen, für das Fahren wesentlichen Elemente im und um das Lenkrad platziert und einige häufig benutzte Basisfunktionen in der Mitte des Armaturenbretts untergebracht. Die meisten anderen Funktionen wurden weltweit erstmalig mit einem in der Mittelkonsole installierten und intuitiv zu bedienenden Controller im Dialog mit dem Control-Display aktiviert. Eine neue Technik, mit der man sich zweifelsohne zuerst intensiv beschäftigen muss, um ihre Stärken zu begreifen – doch die dann, von Fahrer und Beifahrer gleichermaßen benutzbar, das Leben deutlich erleichtert.

Das Einzelstück: Der X5 Le Mans hat einen 700 PS starken Rennmotor – sein Pilot Hans-Joachim Stuck erreichte mit ihm am Nürburgring 311 km/h Höchstgeschwindigkeit.

Was das Design betraf, hatte der Designchef Christopher Bangle mit dem neuen Siebener eine überarbeitete BMW-Formensprache eingeläutet, die sich im Laufe der nächsten Modellreihen durch das gesamte BMW-Programm erstrecken wird. Und wie so oft, wenn Bewährtes und Vertrautes abgelöst wird, stießen sich manche an der etwas kantigeren Linie, an den neuen Scheinwerfern und vor allem an dem hohen Heck, das jedoch nicht nur ein optischer Gimmick war, sondern mit seinem größeren Kofferraum auch zweifellos handfeste praktische Vorteile bot. Doch letztlich verfügt der 503 Zentimeter lange Siebener (die L-Version verfügt dank eines von 299 auf 313 Zentimeter verlängerten Radstands um 14 Zentimeter mehr Fondraum) im gesamten Interieur nun Raum im Überfluss.

Nicht unumstritten: Die Form des neuen Siebeners – hier der 754Li – traf zuerst auf Vorbehalte. Doch mittlerweile hat sich der Siebener zu einem Bestseller entwickelt.

Um die seit Jahrzehnten propagierte »Freude am Fahren« auch im Siebener sicherzustellen, bekamen die neuen Automobile an der Vorderachse eine Doppelgelenk-Zugstreben-Federbeinachse aus Aluminium und hinten eine Mehrlenkerachse ebenfalls aus Aluminium. Und dazu sorgten nun modernste Elektronik mit einem Fahrstabilitätsprogramm (DSC), eine elektronische Bremskraftverteilung (EBV+CBC), eine elektronische Differentialsperre (DTC), eine Traktionskontrolle (ASC), eine Wankstabilisierung (Dynamik Drive) sowie eine elektronische Dämpfkraftverstellung (EDC-K) und ein Anti-Blockier-System (ABS) für ein neutrales Eigenlenkverhalten, eine stets hervorragende Beherrschbarkeit des Wagens und die präziseste Lenkung im automobilen Angebot. Kein Wunder, dass 735i und 745i in sämtlichen Fahrberichten hoch gelobt wurden.

Dazu trugen aber auch die beiden Achtzylinder mit 3,5 Liter Hubraum und 200 kW (272 PS) und 4,5 Liter Hubraum mit 245 kW (333 PS) ihren Teil bei, die beide bei 250 km/h Höchstgeschwindigkeit abgeriegelt werden und sich nur in der Beschleunigungszeit von Null auf 100 km/h unterschieden: Hier benötigt der 735i 7,5 Sekunden, während der 745i den Spurt in 6,3 Sekunden schafft. Für diese Freude am Fahren verlangte BMW 61.500 Euro für den 735i (735Li: 67.800 Euro), während der 745i 73.500 Euro kostete (745Li: 79.500 Euro).

Doch wie so oft im Leben wirkte sich die öffentliche Diskussion überhaupt nicht auf den Verkauf aus – der neue Siebener entwickelte sich vor allem in den USA und in den asiatischen Märkten auf Anhieb zum bestverkauften Modell seiner Klasse. Dass es auf dem deutschen Markt zuerst nicht ganz so zügig voranging, lag – nach Meinung des BMW-Marketings – vor allem an der Tatsache, dass die Interessenten der bei uns immer beliebteren Dieselvarianten bis zum Oktober 2002 warten mussten, bis der **730d** und der **740d** bei den Händlern standen.

BMW hatte ja bereits beim Vorgänger mit den großen Dieseltriebwerken hervorragende Kritiken erhalten und beachtliche Stückzahlen verkaufen können, und so arbeitete man im Forschungs- und Technikzentrum an der weiteren Perfektionierung des Sechs- und des Achtzylinders. Durch den Einsatz der Common-Rail-Einspritzung der zweiten Generation und eine konsequente Weiterentwicklung in vielen Details legten beide Treibwerke kräftig an Leistung zu. So leistet der 730d bei 4000/min 160 kW (218 PS) und bietet zwischen 2000 und 2750/min ein maximales Drehmoment von 500 Nm. Und der 740d verfügt bei 4000/min über 190 kW (258 PS), während das maximale Drehmoment von 600 Nm zwischen 1900 und 2500/min bereitsteht. Allerdings hat so viel Diesel-Power auch ihren Preis: der 730d kostet 58.600 Euro, während für den 740d 76.500 Euro zu überweisen sind.

Mit 190 kW oder 258 PS Leistung gehört der 740d zu den wirklich temperamentvollen Diesellimousinen dieser Erde.

Das Ergebnis beschrieb *auto, motor und sport* folgendermaßen: »Angesichts derart üppiger Reserven verwundert es nicht, dass selbst die zwei Tonnen Eigengewicht eines Siebeners die Kraftentfaltung kaum zu behindern scheinen. Schon der 730d schiebt ab, als wäre in der Typbezeichnung eine Fünf hinter der Sieben eingraviert. In acht Sekunden, verspricht BMW, soll der Dreilitermotor die schwere Limousine auf Tempo 100 befördern (Höchstgeschwindigkeit 235 km/h), und die ersten Eindrücke geben keinen Anlass, daran zu zweifeln.«

Die Krönung: Der 760Li leistet nicht nur 327 kW (445 PS), sondern bietet mit seinem 6-Liter-Zwölfzylinder auch eine perfekte Laufkultur.

Und über den Achtzylinder-Selbstzünder konnte man Folgendes lesen: »Für den 740d spricht vor allem die weitgehende Abwesenheit dieseltypischer Begleitgeräusche. Die Laufkultur des V8 entspricht voll und ganz dem hohen Komfortniveau des Siebeners. Das gilt auch für die Kraftentfaltung: Seine Newtonmeter mobilisiert er mit jener imponierenden Gelassenheit, wie sie großvolumigen, niedrig drehenden Dieselmotoren zu eigen ist. Als Wohltat entpuppt sich zudem die neue, serienmäßige Sechsgangautomatik, die hervorragend mit den Motoren harmoniert. Die Fahrleistungen: Null auf 100 km/h in 7,4 Sekunden – die Höchstgeschwindigkeit: 250 km/h.«

Nach weiteren vier Monaten kam dann im Januar 2003 mit dem **760i** und **760Li** das neue Top-Modell auf den Markt. Zwar wurde der große 6-Liter-Zwölfzylinder erstmals im Oktober auf dem Pariser Autosalon gezeigt, doch wer sich die beiden 327 kW (445 PS) starken V12-Modelle in die Garage stellen wollte, musste eben noch ein paar Monate warten. Mit ihrer Fülle an hochkarätiger Antriebstechnik und edlen Ausstattungsmerkmalen stellen diese Fahrzeuge Superlative dar. Prominentester Beweis dafür ist ihr Zwölfzylinder-Triebwerk – der erste **direkteinspritzende Zwölfzylindermotor** überhaupt. Dazu verfügt der Vierventiler natürlich auch über die vollvariable Ventilsteuerung Valvetronic. Mit diesem neuen Motor setzt der 760i/Li in dritter Generation die erfolgreiche Tradition der V12-Limousinen fort, von denen zwischen 1987 und 2001 rund 96.500 Exemplare ausgeliefert wurden.

Natürlich verfügt auch der direkteinspritzende Zwölfzylindermotor des 760i und des 760Li über die vollvariable Ventilsteuerung Valvetronic.

Es würde den Rahmen dieses Kapitels sprengen, alle Ausstattungsdetails dieses Topmodells vollständig aufzuführen – deshalb nur ein paar Details. Beispielsweise die aktive Geschwindigkeitsregelung (ACC), die den Fahrer bei der Einhaltung situationsgerechter Abstände zum vorausfahrenden Fahrzeug auch bei wechselnden Geschwindigkeiten unterstützt. Oder die elektronisch gesteuerte Feststellbremse, die stufenlose Türbremse oder die Soft-Close-Automatic, bei der alle Türen ab der Vorraststellung leise und bequem von einem Motor zugezogen werden. Dazu kommen Details wie eine Infrarot-reflektierende und einbruchhemmende Klimakomfort-Verglasung, eine automatische Fahrlichtsteuerung oder eine automatische Reifendruck-Kontrolle, die den – wie bei BMW üblich – auf 250 km/h begrenzten 760i/Li im Stand und bei der Fahrt permanent über den Reifendruck in allen Laufrädern informiert.

Keine Frage: Der 760i/Li ist eine der besten großen Reise-Limousinen, die man derzeit erwerben kann – und man braucht sich nicht zu wundern, dass die Vorbestellungen für diesen Wagen innerhalb weniger Wochen auf höchstem Niveau lagen. Der Preis für so viel Luxus: 110.600 Euro für den 760i und 116.000 Euro für den 760Li.

Das Top-Modell des Hauses BMW trägt die Bezeichnung 760Li – der Preis für Luxus und Leistung: 116.000 Euro.

Aber man darf nicht nur an Zwölfzylinder denken, deshalb vervollständigten dann nur wenige Monate später die Basismodelle **730i** und **730Li** das 7er-Portfolio. Hier arbeitet der 3-Liter-Reihensechszylinder mit Bi-Vanos-Technologie mit 170 kW (231 PS) Leistung unter der Motorhaube – das Ergebnis ist eine Spitzengeschwindigkeit von 237 km/h und ein Spurt in 8,1 Sekunden von Null auf 100 km/h. Für die adäquate Umsetzung dieser Leistung (der Motor erfüllt mit EU4 übrigens die schärfsten europäischen Emissionsanforderungen) und der 300 Nm Drehmoment sorgt auch hier die von den anderen Siebener-Modellen bekannte Sechsgang-Automatik. Der Preis dieses Fahrzeugs wurde für das Modelljahr 2003 auf 61.500 Euro für den 760i und 67.800 Euro für die L-Version festgelegt.

Der X5 4.6iS bietet die souveränste Möglichkeit, einen BMW-Geländewagen zu fahren.

Doch zurück zum Jahr 2002 – hier feierte bereits im Januar der **X5 4.6iS** auf der Detroit Motorshow sein Debüt. Mit dem neuen Top-Modell beantwortete BMW die Frage mancher Kunden nach mehr Leistung, einem

kraftvolleren Erscheinungsbild und einer noch exklusiveren Ausstattung. Dafür wurde der Achtzylinder auf 4.619 ccm Hubraum vergrößert, womit nun lockere 255 kW oder 347 PS sowie ein beachtliches maximales Drehmoment von 480 Nm zur Verfügung stehen. Und um die Geländetauglichkeit noch weiter zu perfektionieren, verfügt der 4.6iS neben einer elektronischen Differentialsperre, dem Fahrwerksmanagement DSC, der Anfahrhilfe ASC-X und der Dynamik Brake Control DBC auch über die Bergabfahrhilfe HDC, die die Geschwindigkeiten bei steilen Abwärtsfahrten im Gelände zwischen fünf und zehn km/h konstant hält.

Um die Sonderstellung auch äußerlich zu dokumentieren, gibt es modifizierte Front- und Heckschürzen, die in Wagenfarbe lackiert werden und dazu in Chrom eingefasste Doppelendrohre. Und während die Xenon-Scheinwerfer nur Eingeweihten auffallen dürften, demonstrieren die auf 20 Zoll angewachsenen Leichtmetallfelgen mit ihrer Mischbereifung (vorne 275/40 R20W und hinten 315/35 R20W) deutlich, dass diese ungewöhnliche Synthese aus Eleganz, Geländetauglichkeit und hoher Sportivität mit stabilen Beinen auf dem Boden steht. Der Preis: 79.100 Euro.

Der März des Jahres 2002 sah zwei neue Variationen zum Dreier-Thema – da kamen die bereits erwähnten **316i-** und **318d-Limousinen** nun auch noch als **316i Touring** und als **318d Touring** auf den Markt. Perfekte Modelle für denjenigen, der die Freude am Fahren mit reichlich Raumangebot und ökonomischen Verbrauchswerten kombinieren möchte.

Am 16. Mai stand dann in München die Hauptversammlung der BMW AG an, bei der sich ein Wechsel an der Spitze des Unternehmens vollzog. Ziemlich überraschend hatte Prof. Joachim Milberg nur wenige Wochen zuvor bekannt gegeben, dass er auf Grund persönlicher Umstände von seinem Amt als Vorstandsvorsitzender zurücktreten wolle – was in der Öffentlichkeit und firmenintern bedauert wurde. Schließlich hatte Joachim Milberg sein Amt unter nicht gerade einfachen Umständen übernommen – aber BMW dann zu einer der wenigen Marken gemacht, die selbst in den derzeit schlechten Zeiten noch Marktanteile gewinnen und Rekordumsätze sowie -gewinne erzielen. Zu seinem Nachfolger wurde sein Vorstandskollege **Dr. Helmut Panke** gewählt, der dem Unternehmen bereits seit etlichen Jahren angehört.

Mit markantem Heck: Der neue BMW Z4 holte sich auf Anhieb in den USA den Titel »Car of the Year«.

Als am 28. Juni 2002 im US-Werk Spartanburg das Produktionsende des Z3 als Coupé und als Roadster zelebriert wurde, konnten die Verantwortlichen mit Stolz auf eine Erfolgsgeschichte zurückblicken, denn der Z3 hatte sich auf Anhieb mit rund 300.000 verkauften Exemplaren als Sieger etabliert – sein Nachfolger feierte dann auf dem Pariser Automobilsalon im Oktober 2002 Weltpremiere. Mit der neuen Bezeichnung **Z4** demonstrierte BMW, dass der Neue größer und auch etwas erwachsener als sein Vorgänger geraten war.

Wie nicht anders zu erwarten, hatte auch der Z4 zuerst einmal leichte Akzeptanzprobleme bei Teilen der Presse, die einmal mehr mit der Formensprache des Chef-Designers Chris Bangle kämpften. Dabei war man bei BMW zu Recht stolz auf »das automobile Erleben aller Sinne in Reinkultur«, wie es der Vorstand formulierte. Und weiter hieß es: »Der Z4 repräsentiert nicht nur eine Seite der neuen Formensprache von BMW, sondern setzt auch in vielen Bereichen neue Roadster-Maßstäbe: Selbstbewusst, kraftvoll, sportlich und ästhetisch bietet er ein extrem präzises und sicheres Handling, das höchsten Fahrspaß vermittelt und seinesgleichen sucht.«

Aus solchen Skizzen entstehen eines Tages schöne Armaturenbretter – hier ein früher Entwurf für den Z4.

Eine Aussage, die in allen Testberichten bestätigt wurde – so schrieb die österreichische *autorevue:* »Erste Fahreindrücke: Leiser geschmeidiger Motor, in jeglicher Drehzahl verwendbar, toller Auspuffsound dank zweier speziell abgestimmter Töpfe (inkl. dramatischem Bollern beim Gaswegnehmen), perfektes Fahrwerk, gute Sitzposition, feines Handling, klare Instrumente, problemlose Bedienung, hohe Wertanmutung im Innenraum (bis auf den plastikenen Handschuhfachdeckel), vier Airbags, unglaubliche zehn Lautsprecherboxen, Doppel-Xenon-Scheinwerfer und ein wirklich brauchbarer Kofferraum.«

Sehr viel kürzer und präziser konnte man die Vorzüge des Z4, der zuerst als **Z4 2.5i** mit einem 2,5-Liter-Sechszylinder mit 141 kW (192 PS) und als **Z4 3.0i** mit 170 kW (231 PS) Leistung auf den Markt kam, kaum beschreiben. Der Autor David Staretz beendete seinen Beitrag über den Z4 unter der Rubrik *Was wir mögen* mit den Sätzen: »Kompetentes Daseinsgefühl stellt sich sofort ein. Umstandsloses Dach, perfektes Handling, tolles Automatikgetriebe und eine wunderbare Servolenkung. Bleibt sogar ein Kofferraum, mit dem man planen kann.« Und unter der Rubrik *Was uns fehlt* war zu lesen: »Eine wirklich heiße Ansage, denn was eine M-Version betrifft, hält sich BMW ganz bedeckt. Aber die Tuner bereiten erste Burn-Outs vor: 400 PS!«

Tatsächlich hatte BMW schon bei der Präsentation klar gemacht, dass man in absehbarer Zeit nicht an die Produktion einer extra-starken M-Version dachte – was bei der Agilität der 235 und 250 km/h schnellen Modelle (Null auf 100 km/h in 7,0 bzw. 5,9 Sekunden) auch nicht weiter wundert. Natürlich wird der Z4 wieder im US-Werk Spartanburg produziert, und nachdem die ersten Fahrzeuge noch im Dezember 2002 in den USA ausgeliefert wurden, kam der neue Roadster mit den – so die Pressemappe – »einmaligen Proportionen im Spiel wechselnder Formen« dann im April auch zu den deutschen Händlern.

Aber auch vom Motorsport konnte wieder Erfreuliches berichtet werden: Da gab es einerseits die dritte Formel 1-Saison, in der die beiden Piloten Juan Pablo Montoya und Ralf Schumacher im Endklassement die Ränge drei und vier der Fahrerweltmeisterschaft belegten. Dazu gab es sieben Polepositions und einen Sieg, den Ralf Schumacher beim **Großen Preis von Malaysia** erringen konnte – der Rest der Saison gehörte jedoch dem überlegenen Ferrari-Team und einem überragenden Michael Schumacher. In der Konstrukteurswertung erreichte das BMW Williams-Team einen hervorragenden zweiten Rang, auch wenn der Abstand zu Ferrari riesengroß war, hatte man andererseits jedoch die silberne Konkurrenz aus Stuttgart ziemlich deutlich hinter sich gelassen.

Es gab aber noch eine weitere Neuigkeit aus dem Motorsport zu vermelden – allerdings betraf es in diesem Fall ein mehr als 60 Jahre altes Rennauto, denn bei dem **BMW 328 MM Touring Coupé**, das die *Mobile Tradition* nach jahrelangen Verhandlungen von seinem amerikanischen Besitzer erwerben konnte, handelt es sich um den Original-Siegerwagen der **Mille Miglia** des Jahres 1940, der von Fritz Huschke von Hanstein und Walter Bäumer pilotiert worden war. Kein Wunder, dass **Holger Lapp**, Hüter aller musealen Schätze der weiß-blauen Marke, von der Heimkehr des 780 Kilogramm leichten Aluminium-Coupés, das mit seinen 136 PS stolze 220 km/h erreichte, begeistert war: »Mit dem 328 MM hat BMW eines der wichtigsten Fahrzeuge seiner Geschichte zurückgekauft – und wir werden dafür sorgen, dass dieser Wagen in der Zukunft oft auf der Straße und bei Veranstaltungen von der großen Geschichte unserer Marke erzählen wird.«

Nach mehr als 60 Jahren wieder im BMW-Besitz: das 328 MM Touring-Coupé, mit dem die Münchner 1940 bei der legendären Mille Miglia siegten.

Mit dem Rolls-Royce Phantom schlägt die BMW-Group ein neues Kapitel in der ruhmreichen Geschichte der britischen Edelmarke Rolls-Royce auf.

Der Höhepunkt des Jahres 2002 dürfte aber der 16. Dezember gewesen sein, denn an diesem Montag übergab die BMW Group ihr millionstes in diesem Jahr verkauftes Fahrzeug an einen Kunden – und damit hatte BMW erstmals in seiner Geschichte die Millionenmarke übersprungen. Damit konnten die Münchner gegenüber dem Vorjahr eine Steigerung von nicht weniger als 17 Prozent vermelden, wobei Südkorea mit einer Steigerung von 80 Prozent auf 4560 Fahrzeuge den höchsten Wert vermeldete. Ein paar weitere Werte: In China waren es noch plus 59 Prozent (8470 Fahrzeuge), in Japan plus 25 Prozent (40.100 Fahrzeuge) und in den USA plus 18 Prozent (203.400 Fahrzeuge).

Die Jahreswende 2002 auf 2003 begann mit einem Paukenschlag, denn am 1. Januar 2003 fielen die Rechte an der traditionsreichen Marke Rolls-Royce von der VW AG an die BMW Group, die sich nicht die Chance nehmen ließ, am 3. Januar die Weltpremiere des neuen **Rolls-Royce Phantom** in dem ehrwürdigen Goodwood House in Sussex zu zelebrieren, auf dessen weitläufigem Parkgelände die neue RR-Manufaktur errichtet wurde.

Nur zwei Tage später feierte der **Phantom** dann auf der Detroit Motorshow offiziell sein Debüt, wo der mächtige 6,75-Liter-Zwölfzylinder mit 338 kW (460 PS) Leistung und seiner perfekten Luxus-Ausstattung zum Star der Show avancierte. Der Preis des völlig neuen Wagens: 320.000 Euro.

Ein Symbol für Qualität und höchste technische Perfektion: die von Charles Sykes entworfene Kühlerfigur mit dem schönen Namen »Spirit of Ecstasy«.

In Detroit war aber nicht nur das erste Produkt der zu BMW gewechselten Rolls-Royce Motor Cars Ltd. zu bewundern, die nun als drittes Unternehmen die BMW Group ergänzt, sondern auch – neben der US-Premiere des 760i und 760Li – die **xActivity**-Studie. Hier verrät schon der Name, was in ihr steckt: Das Sports Activity Vehicle (SAV) zeigt – so der Pressetext – »wie sportliche Fahrdynamik, ein großes Einsatzspektrum und der unnachahmliche Genussfaktor von Open-Air-Fahrzeugen vereint werden können«. Als so genanntes Rahmen-Cabriolet stellt das Allradfahrzeug eine völlig neue Kombination von völlig unterschiedlichen Fahrspaß-Komponenten dar. Und darüber hinaus machen zahlreiche clevere Details das xActivity zum vielseitigen Fahrzeug, das aktive Menschen samt ihrer Sportausrüstung zu allen Outdoor-Aktivitäten begleitet.

Die im Januar 2003 präsentierte xActivity-Studie gab der Öffentlichkeit eine erste Ahnung, wie der im Herbst 2003 präsentierte X3-Geländewagen aussehen wird.

Die Dynamik, die das Design verspricht, wird natürlich auch von der Technik gehalten, die in dem 4,55 Meter langen Fahrzeug steckt. Hier sorgt der für seine Agilität bekannte 3,0-Liter-Sechszylinder mit 170 kW (231 PS) für Fahrspaß unter allen Umständen. Und damit die Leistung und das Drehmoment von bis zu 300 Nm auch für Fahrspaß auf allen Wegen parat stehen, verfügt der Allradantrieb ein spezielles Programm der Steuerungselektronik, das automatisch dafür sorgt, dass die Traktionskontrolle den vier Rädern auf unbefestigtem Untergrund immer genau so viel Schlupf gewährt, wie für ein zügiges Vorankommen optimal ist.

Dass der Blick auf diese Studie auch einen ersten Ausblick auf den **X3**, den kleineren Bruder des X5 gewährt, muss nicht weiter erläutert werden – schließlich ist es bei BMW schon seit langem Tradition, neue Baureihen mit seriennahen Studien anzukündigen, die dann einige Zeit später in leicht abgewandelter Form bei den Händlern auftauchen – Studien, die eine erste Reaktion des Publikums auf neue Formen und Designtrends ausloten sollen.

Die weiteren Neuheiten für das Frühjahr 2003: Das elegante Dreier-Coupé erhielt erstmals einen Dieselmotor – und kam als **330Cd** mit 150 kW (204 PS) Leistung auf den Markt. Besonders interessant dürfte dieses Coupé für diejenigen werden, die viel Temperament (240 km/h Höchstgeschwindigkeit / Null auf 100 km/h in 7,2 Sekunden) bei niedrigen Verbrauchswerten (6,6 Liter Diesel auf 100 Kilometer) besitzen wollen. Dazu kam ein **318td compact** und eine um einen auf sechs Vorwärtsgänge erweiterte Sequenzielle Schaltung.

Dass man bei BMW aber gerne auch langfristig denkt, bewies die **CS1**-Studie, mit der die Bayern im März 2001 eine erste Vorahnung von der neuen **Einser**-Baureihe gaben, die von Mai 2004 an im Werk in Regensburg produziert werden soll. Mit diesem Einser plant BMW die Abrundung seines Portfolios nach unten – damit die Fans der Marke in der Zukunft auch in der Golf-Klasse eine weiß-blaue Alternative haben. Natürlich ist auch hier eine komplette Modellreihe geplant – man darf gespannt sein, wie die BMW-Zukunft aussieht.

Mit dieser Linie wird die Einser-Baureihe von 2004 an das BMW-Portfolio ergänzen.

BMW-Automobile
Serienmodelle seit 1928

Die Angaben beruhen auf Statistiken der BMW AG / BMW Group.

Typ	Anlauf	Einstellung	Ausführung
BMW-Dixi DA1 3/15	1927	1929	
BMW DA2 3/15	1929	1932	Tourenwagen, Limousine, Coupé, Kabriolett
BMW DA3 Wartburg	1930	1931	
BMW 3/20 Limousine	1932	1934	Limousine, Tourenwagen, Kabriolett
BMW 303	1933	1934	Limousine, Kabriolimousine, Kabriolett
BMW 309	1934	1936	Limousine, Kabriolett
BMW 315	1934	1937	Limousine, Kabriolimousine, Kabriolett, Sport, Roadster
BMW 319	1935	1937	Limousine, Kabriolimousine, Kabriolett, Sport, Roadster
BMW 328	1936	1940	Hochleistungssportwagen
BMW 326	1936	1941	Limousine, Kabriolett
BMW 329	1936	1937	Limousine, Kabriolett
BMW 320	1937	1938	Limousine, Kabriolett
BMW 321	1939	1941	Limousine, Kabriolett
BMW 325	1937	1940	Geländewagen
BMW 327	1937	1941	Sportcoupé, Kabriolett
BMW 327/28	1938	1940	Sportcoupé, Kabriolett
BMW 335	1939	1941	Limousine, Kabriolett
BMW 501	1952	1953	Limousine, Coupé, Cabriolet
BMW 501 A/B	1954	1955	Limousine, Coupé, Cabriolet
BMW 501/3	1955	1958	Limousine, Coupé, Cabriolet
BMW 501-V8	1955	1958	Limousine
BMW 502	1954	1961	Limousine
BMW 502 2,6	1958	1961	Limousine
BMW 502 3,2	1955	1961	Limousine
BMW 502 3,2 Super	1957	1961	Limousine
BMW 2600	1961	1962	Limousine
BMW 2600 L	1961	1963	Limousine
BMW 3200 L	1961	1963	Limousine
BMW 3200 S	1961	1963	Limousine
BMW 503	1956	1959	Coupé, Cabriolet
BMW 507	1956	1959	Roadster
BMW 3200 CS Bertone	1962	1965	Coupé
Isetta 250	1955	1962	Motocoupé
Isetta 300	1956	1962	Motocoupé
BMW 600	1957	1959	Limousine
BMW 700	1959	1962	Limousine
BMW 700 LS	1962	1965	Limousine
BMW 700	1959	1964	Coupé
BMW 700 Sport	1960	1963	Coupé
BMW 700 CS	1963	1964	Coupé
BMW 700 LS	1964	1965	Coupé
BMW 700	1961	1964	Cabriolet
BMW 1500	1962	1964	Limousine
BMW 1600	1964	1966	Limousine
BMW 1800	1963	1971	Limousine
BMW 1800 TI	1964	1968	Limousine
BMW 2000	1966	1972	Limousine
BMW 2000 TI/tilux	1966	1971	Limousine
BMW 2000 tii	1969	1971	Limousine
BMW 2000 C/CS	1965	1970	Coupé
BMW 1600 GT	1967	1968	Sportcoupé
BMW 1602	1966	1975	Sportlimousine
BMW 1602 ti	1967	1968	Sportlimousine
BMW 1802	1971	1975	Sportlimousine
BMW 2002	1968	1975	Sportlimousine
BMW 2000 ti	1968	1971	Sportlimousine
BMW 2002 tii	1971	1975	Sportlimousine

BMW 2002 turbo	1973	1974	Sportlimousine
BMW 1502	1975	1977	Sportlimousine
BMW touring	1971	1974	Kombi
BMW 1602	1967	1971	Cabriolet
BMW 2002	1968	1975	Cabriolet
BMW 2500	1968	1977	Limousine
BMW 2800	1968	1977	Limousine
BMW 3.0 S	1971	1977	Limousine
BMW 3.0 Si	1971	1977	Limousine
BMW 3.3 L	1974	1975	Limousine
BMW 3.3 Li	1975	1977	Limousine
BMW 2800 CS	1968	1971	Coupé
BMW 2.5 CS	1974	1975	Coupé
BMW 3.0 CS	1971	1975	Coupé
BMW 3.0 CSi	1971	1975	Coupé
BMW 3.0 CSL	1971	1975	Coupé
BMW 520/520 i	1972	1977	Limousine
BMW 525	1973	1981	Limousine
BMW 518	1974	1981	Limousine
BMW 528	1975	1978	Limousine
BMW 528 i	1978	1981	Limousine
BMW 520 i	1977	1981	Limousine
BMW M 535 i	1980	1981	Limousine
BMW 316	1975	1982	Sportlimousine
BMW 318	1975	1980	Sportlimousine
BMW 320	1975	1977	Sportlimousine
BMW 323 i	1978	1982	Sportlimousine
BMW 318 i	1979	1982	Sportlimousine
BMW 315	1981	1983	Sportlimousine
BMW 630 CS	1976	1979	Coupé
BMW 633 CSi	1976	1982	Coupé
BMW 635 CSi	1978	1989	Coupé
BMW 628 CSi	1979	1987	Coupé
BMW M 635 CSi	1984	1989	Coupé
BMW 728	1977	1979	Limousine
BMW 730	1977	1979	Limousine
BMW 733 i	1977	1980	Limousine
BMW 728 i	1979	1986	Limousine
BMW 732 i	1979	1986	Limousine
BMW 735 i	1979	1987	Limousine
BMW 745 i	1980	1986	Limousine
BMW M1	1978	1981	Coupé
BMW 518	1981	1984	Limousine
BMW 518 i	1981	1987	Limousine
BMW 520 i	1981	1987	Limousine
BMW 525 i	1981	1987	Limousine
BMW 525 e	1983	1987	Limousine
BMW 528 i	1981	1987	Limousine
BMW 535 i	1984	1987	Limousine
BMW M5	1985	1987	Limousine
BMW 524 td	1982	1987	Limousine
BMW 524d	1986	1987	Limousine
BMW 316	1982	1988	Limousine
BMW 316 i	1987	1988	Limousine
BMW 316 i	1988	1991	Limousine
BMW 318 i	1982	1988	Limousine
BMW 318 i	1987	1991	Limousine
BMW 318 is	1989	1991	Limousine
BMW 320 i	1982	1991	Limousine
BMW 323 i	1982	1986	Limousine
BMW 325 e	1983	1988	Limousine
BMW 325 i	1985	1991	Limousine
BMW 324 d	1985	1990	Limousine
BMW 324 td	1987	1990	Limousine
BMW 325 iX	1985	1991	Limousine
BMW 325 i Cabrio	1986	1993	Cabriolet
BMW 320 i Cabrio	1986	1993	Cabriolet
BMW 318 i Cabrio	1990	1993	Cabriolet

Mit der Fünfer-Baureihe verfügt BMW seit Jahrzehnten über einen Klassiker.

BMW 316 i touring	1991	1994	Kombi
BMW 318 i touring	1989	1994	Kombi
BMW 320 i touring	1988	1991	Kombi
BMW 325 i touring	1988	1993	Kombi
BMW 325 iX touring	1988	1993	Kombi
BMW 324 td touring	1988	1993	Kombi
BMW 730 i	1986	1994	Limousine
BMW 735 i	1986	1992	Limousine
BMW 730 i	1992	1994	Limousine
BMW 740 i/740 iL	1991	1994	Limousine
BMW 750 i/750 iL	1987	1994	Limousine
BMW 518 i	1989	1995	Limousine, Touring (ab1993)
BMW 530 i	1992	1995	Limousine, Touring (ab 1992)
BMW 520 i	1987	1990	Limousine
BMW 535 i	1987	1993	Limousine
BMW 520 i	1990	1995	Limousine, Touring (ab 1991)
BMW 540 i	1992	1995	Limousine, Touring (ab1993)
BMW 525 i	1987	1990	Limousine
BMW 524 td	1987	1991	Limousine
BMW 525 i	1989	1995	Touring
BMW 525 iX	1991	1995	Touring
BMW 525 td	1993	1995	Limousine, Touring
BMW 530 i	1987	1990	Limousine
BMW 525 tds	1991	1995	Limousine, Touring (ab 1993)
BMW 518 g	1995	1996	Limousine mit Erdgasbetrieb
BMW Z1	1988	1991	Roadster
BMW 840 Ci	1993	1999	Coupé
BMW 850 i	1989	1994	Coupé
BMW 850 Ci	1994	1999	Coupé
BMW 850 CSi	1992	1996	Coupé
BMW M3	1986	1989	Coupé, Cabriolet
BMW M5	1988	1995	Limousine, Touring
McLaren F1	1992	1997	Coupé
BMW 316 i	1991	1998	Limousine, Coupé (ab 1993)
BMW 318 i	1990	1994	Limousine
BMW 318 iS	1991	1996	Coupé
BMW 320 i	1990	1998	Limousine, Coupé (ab 1991), Cabrio (ab 1993)
BMW 325 i	1990	1995	Limousine
BMW 325 i	1990	1995	Coupé
BMW 325 i	1993	1995	Cabriolet
BMW 325 tds	1993	1998	Limousine
BMW 318 tds	1994	1998	Limousine
BMW 318 i	1993	1999	Limousine, Cabrio (ab 1994)
BMW 318 is	1996	1999	Limousine, Coupé
BMW 323 i	1995	1998	Limousine, Coupé
BMW 328 i	1994	1999	Limousine, Coupé, Cabrio
BMW 325 tds	1993	1998	Limousine
BMW 316 i compact	1994	2000	Limousine
BMW 318 ti compact	1994	2000	Limousine
BMW 318 tds compact	1995	2000	Limousine
BMW 316 g compact	1995	2000	Limousine mit Erdgas-Betrieb
BMW 318 i touring	1995	1999	
BMW 320 i touring	1994	1999	
BMW 323 i touring	1995	1999	
BMW 328 i touring	1994	1999	
BMW 318 tds touring	1995	1999	
BMW 325 tds touring	1995	1999	
BMW M 3	1995	1999	Coupé
BMW M 3	1995	1999	Cabriolet
BMW M 3	1995	1998	Limousine
BMW 730 i/730 iL	1994	1996	Limousine
BMW 740 i/740 iL	1994	2001	Limousine
BMW 750 i/750 iL	1994	2001	Limousine
BMW 728 i/728 iL	1995	2001	Limousine
BMW 725 tds	1996	2001	Limousine
BMW 740 d	1999	2001	Limousine
BMW 730 d	1998	2001	Limousine

Der 750iL öffnete den Markt für die deutschen Zwölfzylinder-Modelle – hier die zweite Baureihe, deren Produktion 2001 eingestellt wurde.

BMW 520 i	1996	2000	Limousine, touring
BMW 523 i	1995	2000	Limousine, touring
BMW 528 i	1995	2000	Limousine, touring
BMW 535 i	ab 1996		Limousine
BMW 540 i	ab 1995		Limousine
BMW 525 tds	1996	2000	Limousine, touring
BMW M5	ab 1998		Limousine
BMW Z3 1.8/1.9	1995	1999	Roadster
BMW Z3 2.2	ab 2000		Roadster
BMW Z3 3.0i	2001	2002	Roadster
BMW M Roadster 3.2	1997	2000	Roadster
BMW M Roadster 3.2	ab 2001		Roadster
BMW M Coupé	ab 1998		Coupé
BMW M Coupé 3.2	ab 2001		Coupé
BMW Z3 2.8 Coupé	1998	2000	Coupé
BMW Z3 3.0i Coupé	2001	2002	Coupé
BMW 318 i	ab 1999		Limousine, touring
BMW 320 i	ab 1999		Limousine, touring
BMW 323 i	ab 1998		Limousine, touring
BMW 328 i	ab 1999		Limousine, touring
BMW M3	ab 1999		Coupé
BMW M3	ab 2001		Cabriolet
BMW M3 GTR	ab 2001		Coupé
BMW 320 d	ab 2001		Limousine, touring
BMW 330 d	ab 2000		Limousine, touring
BMW 330 Xd	ab 2000		Limousine, touring
BMW 325 i	ab 2000		Limousine, touring
BMW 325 Xi	ab 2000		Limousine, touring
BMW 320 Ci	ab 2000		Coupé, Cabriolet
BMW 325 Ci	ab 2000		Coupé, Cabriolet
BMW 328 Ci	ab 2000		Coupé, Cabriolet
BMW 318 Ci	ab 2001		Coupé, Cabriolet
BMW 318 d	ab 2001		Limousine
BMW 316 i	ab 2001		Limousine
BMW 316 i	ab 2002		touring
BMW 318 d	ab 2002		touring
BMW 316 ti compact	ab 2000		Limousine
BMW 318 ti compact	ab 2001		Limousine
BMW 325 ti compact	ab 2000		Limousine
BMW 320 td compact	ab 2001		Limousine
BMW 318 td compact	ab 2003		Limousine
BMW 330 Cd	ab 2003		Coupé
BMW X 5 3.0 i	ab 2000		Geländewagen
BMW X 5 4.4 i	ab 1999		Geländewagen
BMW X 5 3.0d	ab 2001		Geländewagen
BMW X 5 4.6iS	ab 2002		Geländewagen
BMW Z 8	ab 2000		Roadster
Mini One	ab 2001		Limousine
Mini Cooper	ab 2001		Limousine
Mini Cooper S	ab 2002		Limousine
BMW 520 i	ab 2000		Limousine, touring (2001)
BMW 520 d	ab 2000		Limousine, touring (2001)
BMW 525 d	ab 2000		Limousine, touring (2001)
BMW 525 i	ab 2000		Limousine, touring (2001)
BMW 530 i	ab 2000		Limousine, touring (2001)
BMW 540 i	ab 1997		Limousine, touring (2001)
BMW 530 d	ab 2000		Limousine, touring (2001)
BMW 735i/Li	ab 2001		Limousine
BMW 745i/Li	ab 2001		Limousine
BMW 730d	ab 2002		Limousine
BMW 740d	ab 2002		Limousine
BMW 760i/Li	ab 2003		Limousine
BMW 730i/Li	ab 2003		Limousine
BMW Z 4 2.5i	ab 2002		Roadster
BMW Z 4 3.0i	ab 2002		Roadster
Rolls-Royce Phantom	ab 2003		Limousine
BMW X 3	ab 2003		Geländewagen

Hinter der Bezeichnung touring verbergen sich agile Limousinen mit großem Raumangebot – hier ein auf der Dreier-Baureihe basierender touring.